KB232705

How to ruin your financial life
by Ben stein

부자가 되기 위해 꼭 지켜야 할

벤 스타인의 55가지 부자습관

벤 스타인 지음 | 황해선 옮김

아이디북

벤 스타인의 55가지 부자습관

초판 인쇄 2005년 6월 7일
초판 발행 2005년 6월 15일

지은이 벤 스타인
옮긴이 황해선
펴낸이 김철수
편 집 최봉식
디자인 김현민
마케팅 김미숙
관 리 장인희·송무영

출 력 스크린출력센터
용 지 승일지업사
인쇄·제본 (주)상지 피엔비

펴낸곳 아이디북
등 록 1988년 2월 27일 제8-44호
주 소 서울시 마포구 상수동 231번지 호수빌딩 301호
전 화 (02)322-9822~5 | 팩스 (02)322-9826

ISBN 89-90351-13-8 03320

저축은 어쩌다가 하고 싶으면 하되,
마음이 내키지 않으면 그만 두어라!

　저축이란 결국 무엇인가? 현재 소비에서 일부를 떼어 은밀한 금고 깊숙이 간직해 두고 쉽게 찾아 쓰지 못하게 하는 일이 바로 저축이다. 그러나 이렇게 생각해 보자. 이렇게 깊숙한 곳에 감추면 돈이 유용할까? 그렇지 않다. 돈은 수중에 있으면서 여러분에게 기쁨을 줄 무엇을 위해 사용될 때에만 여러분을 행복하게 만들고 본래의 유용성을 발휘한다.

　여러분은 가진 돈을 저축계좌에 넣거나 양도성예금증서(CD)를 구입해 매달 은행 잔고 증명서에 찍혀 나오는 형태로 보유한 돈을 확인할 수 있다. 하지만, 웃기는 일이 아닌가? 돈을 저축해 매달 잔고증명서를 바라보면서 슬며시 미소 짓는 것보다 더 좋은 방법이 있기 때문이다. 즉, 쓰고 또 쓰고, 그래도 남으면 다시 쓰는 방법이다. 멋지게 돈을 써가며 멋진 여성, 또는 남성과 데이트를 즐길 수 있는 좋은 방법이 있는데도 굳이 저축할 필요가 있겠는가?

　또 다른 방법으로, 여러분은 주식시장에 돈을 투자할 수도 있다. 하지만, 매달 이해하기 힘든 각종 숫자와 지표로 가득 찬 거래내역서를 받을 뿐이다. 어떤 달에는 주가가 올라 수익을 보고, 어떤 달에는 주가가 내려 손실을 봤다는 통지서가 달랑 날아올 뿐이다.(더 짜증나게 만드는 것은 증권회사에서 날아온 투자손익표를 받아보는 순간 십중팔구 투자손실이 발생해 금쪽같은 여러분의 돈이 줄어들었다는 사실을 확인하게 되는 일이다. 따라서 주식투자는 하지 않는 편이 낫다!)

골치 아프게 투자하는 대신에 그 돈으로 멋진 캐시미어 스웨터나 골프채 세트를 샀다고 하자. 그 순간 여러분은 즐거움을 느낄 수 있다. 아울러 잔고증명서나 거래내역서를 통해 보유 현금이 줄어들었다는 소식을 접해 스트레스를 받을 필요도 없다. 스웨터가 줄어들거나 골프채 중 하나가 매달 줄었다 늘었다 하는 일은 없기 때문이다.

게다가 저축은 미래의 불확실성처럼 모호한 개념과 관련되어 있어 변화의 방향을 쉽게 예측할 수 없다. 이에 비해 바하마로 떠나는 여행은 큰 재해나 이상기후가 발생하지 않는 한, 따뜻하고 화창한 날씨를 보장하기 때문에 여러분은 여행을 하면서 추억의 한 페이지를 아름답게 장식할 수 있다.

따라서 당장 쓸 수 있을 만큼 써라. 인생은 현재를 즐기는 것이다!

| 차 례 |

| 서론 12

규칙 1 | 내일은 잊어버리자 23

규칙 2 | 힘들고 가난한 시절이 결코 오지 않는다고 확신하라 26

규칙 3 | 돈을 걱정하며 몇 푼 저축하는 것보다
편안한 마음이 중요하다는 사실을 잊지 말자 28

규칙 4 | 저축은 어쩌다가 하고 싶으면 하되,
마음이 내키지 않으면 그만 두어라! 30

규칙 5 | 골치아픈 투자를 배워 마음 고생하지 말자 33

규칙 6 | 쓰고 싶을 때 써라.
빚 좀 진다고 해서 걱정할 필요 없다 35

규칙 7 | 당장 충분한 돈이 없어도 품격 있는 생활,
높은 소비습관을 시작하자! 38

규칙 8 | 누가 돈을 더 많이 쓸 수 있을지 친구와 경쟁하라 42

규칙 9 | 예금 잔고나 지출내역을 확인하지 마라 44

규칙 10 | 알토란 같은 돈을 세금으로 낭비하지 말자 46

규칙 11 | 소유한 만큼 자신의 가치가 정해진다는 사실을
유념하라 50

규칙 12 | 가능한 한 많은 신용카드를 발급 받고,
되도록 자주 사용하라 53

규칙 13 | 한도까지 신용카드를 사용했다면
새로운 신용카드를 발급받자! 56

규칙 14 | 신용카드 대금 청구서를 받았을 때
매달 최소금액만 결제하라 59

규칙 15 | 결코 돈이 떨어지지 않는다고
마음 속 깊이 안심하라 61

규칙 16 | 나를 따라 말해보라.
"나는 내 재정 상태에 책임이 없다" 63

규칙 17 | 나가는 돈보다 들어오는 돈이 많다고 믿자 65

규칙 18 | 친구에게 돈을 빌려줘라.
특히 연인에게는 주저 말고 돈을 꿔주자 67

규칙 19 | '돈을 잘 사용하는 방법은 치장하는 데 쓰는 것이다!'
라는 법칙을 명심하자 70

규칙 20 | 주변 사람에게 돈을 나눠주는,
마음씨 좋고 너그러운 사람이 되자 72

규칙 21 | 빠르게 부자가 되고
무에서 유를 창조할 수 있다고 확신하라 74

규칙 22 | 열심히 일할 필요가 전혀 없다.
단지 기막힌 발명 아이디어 하나만 있으면 된다 76

규칙 23 | 집을 사지 마라 – 여러분 같은 자유로운 영혼은
뿌리를 내려 자리를 잡을 필요가 없다 79

규칙 24 | 금전적인 어려움에서 벗어나기 위해
항상 돈을 빌릴 수 있다는 확신을 갖자 83

규칙 25 | 필요성을 떠나 쇼핑 자체가 정신적이나 육체적으로
훌륭한 운동임을 확신하라 86

규칙 26 | 늦은 밤 무료하거나 외롭다고 느낄 때 홈쇼핑이나
인터넷 상품을 주문하라 88

규칙 27 | 작은 일로 고민하지 마라.
하루에 10달러나 20달러는 큰돈이 아니다 90

규칙 28 | 명품을 선호하고 호사스런 취미를 지닌 연인을 찾아
결혼하라! 92

규칙 29 | 될 수 있는 대로 자주 이혼하라 94

규칙 30 | 무엇인가를 기록하려 들지 마라 97

규칙 31 | 행운의 여신을 기다리며 도박을 하자 99

규칙 32 | 배우자나 자식에게 무엇인가를 해주기 위해
신경 쓰지 마라 102

규칙 33 | 시중에 나와 있는 수많은 성공처세술 책에
눈길도 주지 마라 104

규칙 34 | 은퇴를 생각하지 마라.
은퇴는 아주 먼 훗날의 일이다 106

규칙 35 | 운에 의지하고 패션감각이 뛰어나며
언변이 좋은 주식중개인을 선택하라 109

규칙 36 | '공개' 금융 강좌에 참석해
여기서 들은 조언을 그대로 실천하라 112

규칙 37 | 늦은 밤에 투자성공 사례를 방영하는
인포머셜을 반드시 시청하라 115

규칙 38 | 경제신문이나 텔레비전에 나오는 전문가가
주식시장을 예측하면 무조건 믿어라 118

규칙 39 | 분산투자를 주장하는 금융전문가를 믿지 말라.
주식시장은 가장 좋은 (그리고 유일한) 투자처다! 121

규칙 40 | 주식시장에 관한 지식이 별로 없어도
주식시장에서 성공할 수 있다는 확신을 가져라 124

규칙 41 | "주식시장의 평균적인 수익은
여러분에게 충분치 않다!"는 말을 기억하라 127

규칙 42 | 유명 증권사의 아둔한 주식중개인에게
여러분의 소중한 시간을 낭비하지 마라 129

규칙 43 | 재빠르게 움직여라! 탈의실에서 듣는
주식투자에 관한 정보는 정말로 중요하다 131

규칙 44 | 주식을 보유하는 전략에 만족하지 마라. 빠르게 주식을
사고파는 매매 방법이 부자가 되는 지름길 133

규칙 45 | 투기적 저가주(Penny Stock)에 투자하라 136

규칙 46 | 증권사 신용거래를 통해 돈을 벌어라 138

규칙 47 | 멋진 양복을 입은 마법사가 여러분에게 귀띔해준
'비법'을 믿어라 142

규칙 48 | 모든 계란을 한 바구니에 넣자.
　　　　　겁쟁이만이 분산투자를 한다 144

규칙 49 | 투자 수수료와 비용을 무시하라.
　　　　　그것은 단지 푼돈에 불과하다 146

규칙 50 | 투자정보지를 구입해 꼼꼼히 읽고
　　　　　여기서 전하는 정보에 투자하라 148

규칙 51 | 투자조언자나 주식중개인을 사무적으로 대하지 말고
　　　　　친구처럼 생각하라 151

규칙 52 | 현재 재정이 크게 문제가 된다면 그냥 잠시 잊고
　　　　　몇 년 뒤에 다시 생각하라 153

규칙 53 | 자본은 충분하지 않지만 생소한 분야, 적절치 못한
　　　　　장소에서 사업을 시작하고 성공을 기대해 보자 155

규칙 54 | 거품이 계속될 때 주식 매입을 두려워하지 마라.
　　　　　여러분은 터지기 직전에 주식을 매도할 수 있다 157

규칙 55 | 특정 기간 동안 재정관리가 어렵게 느껴진다면
　　　　　전문가에게 모든 자산관리를 위탁하라 161

| 저자후기 163

| 역자후기 166

"세상은 세 가지 기둥으로 지탱된다. 첫째는 돈, 둘째도 돈, 그리고 셋째도 돈이다." 이 말은 동유럽에서 예전부터 내려오는 속담이다. 또한 과거 유교국이었던 중국사회에서도 "돈이 없으면 인생도 없다."라는 격언이 내려온다.

여기서 한 세기를 풍미한 음유시인 밥 딜런(Bob Dylan)이 한 말을 다시 한번 자세히 살펴보자. 매우 반항적인 음악활동을 해왔던 지난 10여 년간 그의 행적을 떠올리며 한 기자가 그에게 물었다.

"그린위치 빌리지(Greenwich Village)에서 처음 음악을 시작했던 때에 비해 요즘 노래 가사는 과격하지 않고 분노를 많이 표현하지 않는 것 같은데 이유가 있는가?"

밥 딜런은 "나처럼 부자가 되면 세상을 신랄하게 꼬집기가 힘들어집니다."라고 대답했다(정확히 이처럼 말하지 않았을지도 모르지만, 내용은 맞다).

굳이 돈에 대한 위대한 시구나 옛날 속담을 들추지 않아도 된다. 돈이 있으면 그냥 좋다. 돈으로 행복을 사지 못할지도 모르지만, 살아가면서 돈이 있으면 기분은 좋다. 사실, 돈으로 행복을 살 수는 없겠지만, 돈 없이도 할 수 있는 것(?)을 제외하고 행복에 필요한 요건을 마련하는데 돈은 큰 도움이 된다.

몇 가지 사례를 들어보자. 당신은 인생에서 중요한 부분인 재정과 물질로 안정된 삶을 꾸려나갈 수 있다. 특히 경제적으로 어려울 때 인생에서 돈이 차지하는 비중은 더욱 커 보인다. 재정적으로 불안정한 두려움은 인간의 행복에 치명타를 입히고, 걱정과 근심을 창조하여 밤잠을 설치게 한다. 돈이 있어도 이런 문제에서 완전히 자유롭지는 않겠지만, 그래도 그 정도는 덜하다. 또한 돈은 자유를 만끽하게 하며 선택의 폭을 넓힌다. 예를 들어, 원할 때 여행을 떠날 수 있고, 좋은 주택을 선택해 살 수 있으며, 경제력을 과시해 좋은 남성 또는 여성과 사귈 수 있고, 집안을 장식할 때 값비싼 예술품을 구입할 수 있다. 또 자녀를 좋은 사립학교에 보내 교육시키고, 첨단 패션의 명품 의류를 사 입으며, 친구들이 부러워하는 보석으로 몸을 치장할 수 있다.

돈이 있으면 당신은 자선단체에 기부를 하고, 동물 보호소를 건립하며, 빈민자에게 식량을 제공하고, 노숙자의 임시 거주지를 설립하는 데 기여할 수 있다. 또한 어려움을 겪는 친척을 도울 수도 있다. 다시 말해서, 돈이 있으면 자신도 잘 살지만, 다른 사람에게도 좋은 일을 할 수 있다.

　반대로 돈이 없으면 당신은 이번 달 카드대금을 걱정하면서 잠자리에 든다. 그리고 자신도 어려운 처지에 남을 돕는다는 것은 상상조차 하기 힘들다. 선행을 하고 싶은 마음이야 굴뚝같지만 어찌할 도리가 없다. 하지만, 돈이 있으면 당신은 잠자리에 들어 내일은 무엇을 사고 누구를 도울까 생각하며 편하게 잠을 청할 수 있다. 따라서 이미 알고 있겠지만, 돈이란 참 좋은 것이다.

　주머니에 돈이 두둑이 있고 은행 잔고도 충분하다면 당신은 당당하게 상점에 들어가 쇼핑을 하고, 여행사에서 이번 휴가 여행상품을 알아보며, 차를 바꿀 때가 되면 주저 없이 자동차 대리점에서 신차를 알아본다. 돈이 있는 사람에게는 여행 안내서에 나와 있는 해외 유명 관광지가 텔레비전을 통해 보거나 마음속에서만 그리는 동경의 대상이 아니다. 부자라면 무거운 배낭을 지고 옆자리에 뚱뚱한 사람이 앉아 불편한 버스를 타거나 불친절한 승무원에게 별로 맛있지도 않는 땅콩 봉지를 받으며 항공여행을 할 필요 없이, 떠나고 싶을 때 가고 싶은 곳으로 일등석 비행기를 타고 떠나는 쾌적한 여행을 할 수 있다. 돈만 있으면 좁은 일반석 좌석에서 맛없는 기내식으로 허기를 때우지 않고 널찍한 좌석에 앉아 친절한 승무원의 서비스를 받으며

4만 피트 상공에서 고급 도자기에 담긴 신선한 연어와 철갑상 어로 식사를 하고 디저트로 고급 아이스크림을 먹는다.

돈이 있다고 해서 병이 저절로 치료되는 것은 아니지만, 비 싼 장비나 의약품을 사용하지 않는 공공병원에서 치료를 받지 않고, 명성이 높은 의사에게 첨단 장비를 이용한 치료를 받아 병에서 빨리 회복할 가능성이 높다. 돈이 많으면 원할 때마다 최고 의약품을 구입하고 가난한 사람보다 먼저 의사에게 치료 를 받으며 좋은 병실에서 의사와 간호사에게 친절한 보살핌을 받는다.

돈으로 사랑을 살 수 없다는 말은 정말일까? 아니다. 돈으로 는 사랑도 살 수 있다. 이제 돈으로 사랑을 살 수 없다는 옛말을 더 이상 믿지 말자. 남성과 여성은 돈 많은 배우자를 사랑한다. 돈 많은 남자가 뚱뚱하면 듬직해서 보기 좋다고 하며 호리호리 하고 말랐으면 건강해 보인다고 한다. 그다지 예쁘다고 할 수 없는 여자도 돈이 있으면 주위에서 예쁘다는 말을 듣는다. 그 리고 당신이 돈이 많다면 사람들은 당신과 사랑에 빠지는 데 주저하지 않으며 그 사랑은 쉽게 식지도 않는다. 돈이 사랑을 살 수 없다고들 말하지만, 이렇듯 세상 돌아가는 모습을 보면 돈으로 사랑을 살 수도 있다는 말이 실감난다.

아마 가장 중요한 것이 될 텐데, 돈은 사람들의 존경도 살 수 있다. 어떤 사람은 지적 수준이 뛰어나지도 않고, 언변이 좋은 것도 아니며, 비실비실 거리는 데다가 재치도 없어서 사람들에게 별 관심을 받지 못하다가 나중에 엄청난 부자란 사실이 전해지면 그들에게서 갑자기 존중받는다. 변호사, 영화제작자, 연예인은 말할 것도 없고, 고급 식당에서 억만장자가 나타나면 웨이터, 주방장까지도 아주 공손한 모습을 보이며 수선을 떤다. 심지어 19세기 영국 탄광업자가 지방 영주 앞에서 머리를 조아리듯이 백만장자도 억만장자 앞에서는 굽실거리며 예의를 표한다.

"귀족은 오랫동안 돈이 많았던 사람이다."라는 영국 속담이 있다. 마찬가지로 미국에서도 귀족은 다름 아닌 돈 많은 사람이다. 미국에는 공작이나 백작, 또는 자작처럼 사회에서 존경받는 귀족 신분이 없다. 대신 돈 많은 사람들이 존경을 받는다. 미국에서 "그는 부자래." 또는 "그녀는 억만장자의 딸이래."라는 말은 "그는 왕자래."와 "그녀는 공작부인이래."라는 말과 같다.

하지만, 돈이 주는 즐거움을 만끽하려고 억만장자까지 될 필요는 없다. 찰스 디킨스(Charles Dickens)는《데이비드 코퍼필드(David Copperfield)》에서 다음과 같이 말했다. "연소득이 20파운드인데 연간지출이 19.99파운드이면 행복으로 이어진다. 하

지만 연소득이 20파운드인데 연간 지출이 20.01파운드이면 궁
핍해진다."

결국 삶이 안락해지고 어느 정도 안정감을 느끼며 다른 사람
에게 좋은 일도 할 수 있으려면 돈이 충분히 있어야 한다는 말
이다.

그렇다고 돈이 가져다주는 행복을 느끼기 위해 근사한 요트
나 자가용 비행기, 또는 경주용 말을 소유할 필요까지는 없다.
하지만, 잠자리에 들면서 전날 직장 상사에게 호된 질책을 받
아 조만간 먹고살기 위해 새 직장을 찾아야 하지 않을까라는
근심은 하지 않을 정도의 충분한 돈은 있어야 한다. 그리고 아
내와 자식이 병이 났을 때 훌륭한 의사에게 진료를 받게 할 정
도의 돈은 가져야 한다. 즉, 자신이 충분히 안정감을 느낄 정도
의 돈은 지녀야 한다는 말이다. 그럭저럭 입에 풀칠하며 산다
거나 당장은 괜찮지만, 문제가 생기면 경제적으로 감당하기 힘
든 삶을 안락한 삶이라고 말할 수 없다. 생계를 간신히 이어가
는 삶을 즐겁다고 말하기란 힘들다.

돈이 있으면 좋다는 사실은 분명하지만, 많은 세상 사람들은
필요하거나 바라는 만큼 돈을 갖고 있지 못하다. 돈을 벌고, 저
축하고, 적당히 지출하며 현명하게 투자하는 방법을 알려주는
수천 권, 아니 수만 권의 책이 세상에 나왔다고 해서 크게 달라

진 점은 없다.(물론 그 중에는 내가 쓴 책도 몇 권이 있다.) 이런 책들이 어느 정도 영향을 미쳤겠지만, 대다수의 사람들은 기존 책들이 알려주는 돈과 재산을 제대로 관리하는 방법을 이해하지 못한다.(이 책을 쓰는 나 자신도 수백 권의 책을 읽었지만, 제대로 이해할 수 없었다) 사람들은 나와 마찬가지로 제대로 돈을 다루는 방법에 대해 혼란스러워한다.

나는 많은 사람들이 돈과 재산을 제대로 관리하지 못한다는 생각이 들어 새로운 접근방식을 알려 줄 때가 되었다고 판단했다. 나는 기존 책들과 달리 반대로 접근하면 적절한 조언을 해 줄 수 있지 않을까 생각한다. 다시 말해서, 독자에게 재정적으로 파산하고 몰락하는 방법을 알려주면 이것이 돈을 벌고 관리하는 방법을 알려주는 것보다 효과가 크지 않을까 생각했다. 망하는 방법을 알려주어 여러분이 무엇을 잘못하고 있으며, 그 잘못된 행동이 어떻게 파산과 몰락으로 이어지는지 그 모습을 깨닫게 하고 싶다.(잘못을 저질러 재정적으로 어려워지는 모습은 내 주위에서 흔히 볼 수 있고, 나 자신도 하루에 여러 번 잘못을 저지르고 있다.)

여러분이 이 책에서 소개한 재정적으로 잘못된 행동 가운데 75%를 행하고 있다면 당장 정신 차려야 한다. 지금 겪고 있는 재정적 어려움은 우연히 일어난 것이 아니다. 여러분이 자신을 경제적 어려움으로 이끈 잘못된 행동을 분명히 했기 때문에 발생한 것이다. 여러분이 해야 할 일을 하지 않고, 하지 말아야 할 일을 하면 궁핍해진다는 사실을 깨달으면 더는 이런 일들을 하지 않고 올바른 재정설계를 시작할 것이다. 여러분이 처한 상황은 각자 다르겠지만, 이 책을 쓴 목적은 희망을 전해주기 위해서이다. 이 책을 읽은 사람이 어디에 살든지, 그가 어떤 사람이든지 간에 스스로 자신의 재정적 삶을 만들어 나가는 데 도움이 되었으면 한다.

$$$

과연 내가 이 책을 쓸 자격이 있을까? 다음 세 가지 이유를 들어 내가 그럴 자격이 있다는 점을 증명해 보고자 한다.

첫째, 나는 돈을 많이 벌고자 노력해 왔고, 지금까지 돈을 제대로 사용해보기도 하고 잘못 사용하기도 했다. 그리고 지금 내 나이가 58세이고, 그동안 꽤 긴 세월동안 시행착오를 거듭해 왔기 때문에 유용한 조언을 해 줄 수 있으리라 생각한다. 나는 이 책에서 소개할 실수를 많이 저질러봤다. 한두 번이 아니라 아주 많이 저지른 셈이다. 내가 실수를 저지르면 그 결과가 어떠할지 예측할 수 있다. 반대로 내가 잘못된 행동을 하지 않

으면 이 행동이 좋은 귀결을 맺으리라 예상할 수 있었다.

둘째, 나에게는 돈에 관해 예리한 감각을 지닌 아버지가 있었다. 그는 큰 부자는 아니었지만, 그렇다고 돈을 적게 번 것도 아니었다. 언제나 여유 있게 자금을 보유했고, 안락한 삶을 살았으며, 나와 여동생에게 상당한 유산을 남겼다. 그리고 나는 그가 어떻게 돈을 관리했는지 생생하게 목격했다. 솔직히 나는 아버지만큼 돈을 잘 관리하지 못했지만 어떤 사람의 아버지가 마법사라면 그 자식은 자라면서 어깨 너머 어느 정도 마술을 배울 수 있듯이 돈 관리 잘하는 아버지 밑에서 나도 다소나마 돈 관리 방법을 조금 배웠다고 할 수 있다.

셋째, 나는 어떤 사람들이 돈을 벌어 안락한 삶을 살고, 어떤 사람들은 그렇지 못한가에 큰 흥미가 있으며, 성공과 실패가 발생하는 이유를 오랫동안 유심히 관찰해 왔다. 나는 성공보다는 실패에서 더 많은 교훈을 배웠으며 여러분도 그럴 것이라고 생각한다.(하지만, 이 책이 소개하는 실패사례를 너무 심각히 받아들이면 교훈을 얻기 힘들다.) 나는 어떤 행동을 취하기 전에 반드시 내 자신에게 다음과 같은 질문을 한다. "파산한 사람과 비슷한 행동을 하고 있지 않은가?" 또는 "사람들을 곤궁한 상태로 만드는 함정을 피하는 데 뛰어난 능력이 있던 아버지처럼 행동하고 있는가?"

또 다른 식으로 내가 이 책을 쓸 자격이 있다는 점을 표현해 보자. 내가 어렸을 때 이웃들은 우리 집보다 좋은 차를 몰았고 고급 골프장 회원이었으며 경마에 상당한 돈을 걸어도 대수롭지 않게 생각했다. 그러나 나중에 그들은 모두 파산했다. 나는 그들처럼 행동하지 않으려고 노력했다. 내 친구들 중에는 지금 할리우드에 살며 수십 년 동안 엄청난 돈을 벌고 있지만, 돈이 아까워 휴가도 제대로 가지 못하는 친구들도 있다. 나는 스스로 그들처럼 살지 않으려고 노력한다. 대신에 나는 하루하루 생활을 걱정하지 않고 사소한 금액까지 머리 아프게 꼼꼼히 따지지 않는 삶을 살기 위해 애쓰고 있다.

몇 년 전, 내가 새 집을 살 여력이 되어(필요 이상으로 큰 집이었다.) 가난한 동네에서 벗어날 때가 되었다고 아버지에게 말했을 때 그는 "네가 가난한 동네에서 사는 게 지긋지긋해 새집을 사서 이사하고자 한다면 그건 좋은 일이다."라고 말했다. 이 책의 내용은 바로 아버지가 한 말로 요약되어 있다. 여러분이 이 책에서 소개한 행동을 계속한다면 언젠가는 가난한 동네에서 살게 될 것이다. 하지만, 이 책에서 소개한 행동을 거의 하지 않는다면 훗날 여러분은 좋은 동네에서 편안한 잠을 청할 수 있다.

책을 읽기 전에 책이 의도하는 내용을 명확히 해둘 필요가 있다. 이 책의 제목을 《55가지 부자 습관(How to Ruin Your Financial Life)》으로 정한 이유가 있다. 즉, 여러분은 이 책이 제시한 규칙을 따른다면 미래에 금전적인 궁핍함을 겪겠지만, 반대로 행동한다면 밝은 미래를 맞이할 수 있다.

더 이상 경제적 곤란을 겪지 않기 위해서 이 책이 제시한 55가지 규칙을 명심하라. 이 책에서 사람들이 궁핍해지고 가난해지는 중요한 방법을 모두 언급하지는 못했다. 분명히 55가지 규칙 외에도 중요한 이유가 더 있을 것이다. 하지만, 여기서 언급한 내용만 명심하더라도 충분하리라 생각한다. 나는 위대한 기자 짐 벨로우스(Jim Bellows)가 한 말을 좌우명으로 삼았다. 이 좌우명은 이 책에도 적합하다. "실천을 미루지 마라, 그리고 최선을 다하라."

내일은
잊어버리자

1950년대에 크게 히트한 〈내일은 잊어버려 (Forget Domani)〉라는 노래를 기억하는 사람이 얼마나 될지 모르겠다. 이 노래 가사는 '내일' (Domani는 이탈리어어로 '내일'을 뜻함)을 걱정하지 말고 오늘에 충실해 살아가라는 내용으로 되어 있다.

그렇다! 노랫말처럼 내일은 생각하지 말아야 한다. 맞는 말이다. 중요한 것은 오늘이지 내일이 아니다. 오늘 살기도 바쁜데 내일까지 생각하며 계획을 세워서 뭐하겠는가! 계획을 세우려면 골치도 아프고, 미래를 생각하면 걱정만 늘어난다. 그냥 오늘만 생각하고 살아가는 편이 훨씬 쉽다.

미래를 계획하려면 복잡한 계산을 하고 다양한 요소를 고려해야 한다. 그리고 많은 자제가 필요할지도 모른다. 그것은 귀찮은 일이다. 게다가 불확실한 미래를 생각하면 기분도 좋지 않고 불안하기도 하다. 그러니 미래를 생각할 까닭이 없지 않은가? 쓸데없이 우울해질 필요는 없다. 대신에 당장 즐길 수 있는 것만 생각하며 오늘을 재미있고 행복하게 즐기고 지낼 궁리만 하자.

미래를 대비한 재정설계를 해서는 안 된다. 절대로 하지 말자. 미래를 대비하기 위해 저축을 하거나 국민연금이나 연금보험에 가입할 생각은 하지 말자. 돈을 걱정하고 노후자금을 생각하다보면 골치만 아파진다.

그러니까 내 말은 내일도 오늘과 마찬가지라는 뜻이다. 오늘 먹고사는 데 지장이 없지 않은가? 옷도 있고, 차도 있고, 비를 피할 집도 있다. 이 정도면 하루를 살아가기에 충분하다. 내일도 오늘과 마찬가지로 별 문제 없이 하루를 운 좋게 살아갈 수 있을 것이다. 내일이라고 크게 달라지지 않는다. 사는 모습은 다 비슷비슷하기 마련이다.

내일 날씨는 60%정도 오늘과 비슷하다는 유명한 일기예보 규칙이 있다. 여러분의 재정상태도 이와 마찬가지이다. 다시 말해서, 내일 재정상태를 걱정하지 마라. 60%는 오늘과 같을 테니까. 그런데 차이가 나는 나머지 40%는 어떻게 생각해야 할까? 오늘 날씨보다 내일 날씨가 더 좋을 가능성이 40%라고 생각하자. 이는 다음 규칙에서 살펴보자.

힘들고 가난한 시절이
결코 오지 않는다고
확신하라

힘들고 가난한 날을 대비해 저축을 하라는 말을 많이 듣는다. 부모나 조부모님 중에 1930년대 대공황기를 겪었거나 1970년대 심각한 경기침체와 인플레이션을 겪은 분이 있을 것이다. 이런 분들은 여러분에게 경제상황이 항상 좋은 것이 아니라고 말한다. 불황과 인플레이션, 또는 디플레이션이 발생하거나 부동산 가격이 폭락하는 시절이 있기도 하다. 그러면 여러분은 직장을 잃거나 어려운 처지에 처할 수도 있다. 그래서 어른들이 '곤궁한 날'을 대비해 저축하라고 충고한다.

하지만, 어른들의 훈계가 여러분에게는 해당하지 않기 때문에 명심하지 않아도 된다. 지금 여러분이 어떤 직장에서 일하고 집과 저축 상태가 어떻든지 간에 현 상황은 물론, 미래에도 달라지지 않는다. 과거에 발생했던 경제적 불황과 불확실성은 그저 옛날이야기일 뿐이다. 지금 우리는 확실하고 안정적인 시대에 살고 있다. 또한 경제당국은 국가 경제를 제대로 관리해 앞으로 심각한 경제불황이 발생하지 않을 것이다. 설사 발생하더라도 며칠이면 회복되지 않겠는가?

복잡한 국가 경제는 머리 좋은 사람들에게 맡겨 놓고 좀 더 개인적인 측면에서 경제력이 안 좋아질 경우를 살펴보자. 경제적으로 궁핍해지거나 직장에서 해고될 가능성을 곰곰이 생각하는 일은 시간낭비에 불과하다. 아마 여러분에게 이런 일은 일어나지 않을 것이다. 설사 대비책을 마련하려고 저축을 한다면 휴가를 떠나지 못할 것이고, 사고 싶었던 자동차를 구매하지 못하는 벌을 받아야 한다.

모든 일이 기본적으로 아무 문제가 없으며 과거 사람들에게 일어났던 나쁜 일이 여러분에게는 일어나지 않을 것이라고 확신하며 인생을 살아가라. 이런 마음자세가 기본이다. 경제적 안정을 위해 계획을 세울 필요는 없다. 여러분 인생에는 추락이란 없고 오직 좋은 날만 있기 때문이다.

그냥 되는대로 살자.

돈을 걱정하며 몇 푼 저축하는 것보다 **편안한 마음이 중요하다는** 사실을 잊지 말자

솔직해져 보자. 돈을 생각하면 왠지 불안한 생각이 든다. 이리저리 계산도 해보지만, 여러분은 셈에 그리 밝지 못할 것이다. 돈을 저축하려면 미래를 생각해야 하고, 이미 눈치 챘겠지만, 훗날을 계획하는 일은 무척 지루하며, 걱정되는 일이 한두 가지가 아니다. 게다가 여러분은, 미래는 과거에 비해 나빠지지 않고 좋아질 것이라고 생각하기로 했으니, 미래를 설계하고 저축하는 일은 여러분과 아무 상관이 없다. 돈이나 몇 달 후, 또는 몇 년 후의 미래를 생각하면 여러분은 늙어가고 직업을 잃을 가능성을 곰곰이 생각할 수밖에 없으며, 이런 생각으로 분명 극심한 스트레스에 시달리고 말 것이다.

　그 뿐만 아니라, 여러분이 자신의 미래와 재정상태를 생각하기 시작하면 생활 방식에서 변화가 필요하다는 사실이 드러나고, 변하려면 지금까지 자신의 모습을 부정해야 한다. 예를 들어, 다이어트를 하고 운동을 시작하며 심지어 더 심한 일도 해야 한다. 생각만 해도 끔찍하다.

　따라서 그냥 지금처럼, 하고 싶은 대로 하자. 돈을 저축하거나 미래를 계획하려는 생각은 하지도 말자. 그냥 지금까지 현재에 만족하며 살아왔던 방식을 유지하고, 당장 하고 있는 일에 만족하며 조그만 변화도 시도하지 말자. 지금 평온한 삶을 살고 있는데 노후대책과 저축할 계획을 세우느라 마음고생을 사서할 필요는 없지 않는가? 이 모든 생각을 여러분의 머릿속에서 지워버려라.

저축은 어쩌다가 하고 싶으면 하되, **마음이 내키지 않으면** 그만 두어라!

결국 저축이란 무엇인가? 현재 소비에서 일부를 떼어 쉽게 찾아내고 사용하지 못하게 은밀한 금고 깊숙이 간직해 두는 일이 바로 저축이다. 그러나 이렇게 생각해 보자. 이렇게 깊숙한 곳에 감추면 돈이 유용할까? 그렇지 않다. 돈은 수중에 있어서 여러분에게 기쁨을 줄 무엇을 위해 사용될 때야말로 여러분을 행복하게 만들고 본래의 유용성을 발휘한다. 여러분은 가진 돈을 저축계좌에 넣거나 양도성예금증서(CD)를 구입해 매달 은행 잔고 증명서에 찍혀 나오는 형태로 보유한 돈을 확인할 수 있다. 하지만, 웃기는 일 아닌가? 돈을 저축해 매달 잔고증명서를 바라보며 슬며시 미소 짓는 것보다 더 좋은 방법이 있기 때문이다. 즉, 쓰고 또 쓰고 그래도 남으면 다시 쓰는 방법이다. 근사하게 돈을 쓰며 멋진 여성, 또는 남성과 데이트를 즐길 수 있는 좋은 방법이 있는데도 굳이 저축할 필요가 있겠는가?

다른 방법으로, 주식시장에 돈을 투자할 수도 있다. 하지만, 매달 이해하기 힘든 각종 숫자와 지표로 가득 찬 거래내역서를 받을 뿐이다. 어떤 달에는 주가가 올라 수익을 보고 어떤 달에는 주가가 내려 손실을 봤다는 통지서가 달랑 날아올 뿐이다. 더 짜증나게 만드는 것은, 증권회사에서 날아온 투자손익표를 받아보는 순간 십중팔구 투자손실이 발생해 금쪽같은 여러분의 돈이 줄어들었다는 사실을 확인하게 되는 일이다. 따라서 주식투자는 하지 않는 편이 낫다!

골치 아프게 투자하는 대신에 그 돈으로 멋진 캐시미어 스웨터나 골프채 세트를 샀다고 하자. 그 순간 여러분은 즐거움을 느낄 수 있다. 아울러 잔고증명서나 거래내역서를 통해 보유현금이 줄어들었다는 소식을 접해 스트레스를 받을 필요도 없다. 스웨터가 줄어들거나 골프채 중 하나가 매달 줄었다 늘었다 하는 일은 없기 때문이다.

게다가, 저축은 미래의 불확실성처럼 모호한 개념과 관련되어 있어 변화의 방향을 쉽게 예측할 수 없다. 이에 비해, 바하마로 떠나는 여행은 큰 재해나 이상기후가 발생하지 않는 한 따뜻하고 화창한 날씨를 보장하기 때문에 여러분은 이 여행을 하면서 추억의 한 페이지를 아름답게 장식할 수 있다.

따라서 당장 쓸 수 있을 만큼 써라. 인생은 현재를 즐기는 것이다!

골치 아픈
투자를 배워
마음 고생하지 말자

인생은 짧다. 투자에 관한 두껍고 어려운 책을 읽으며 시간을 보내기에는 인생이 너무나 짧다. 도대체 어떤 사람들이 아까운 시간을 낭비하며 투자에 관한 서적을 탐독하고 있을까? 손에 연필을 쥐고 음료수를 홀짝거리며 투자서적을 심각히 읽는 샌님이거나 소심한 사람, 아니면 멍청이일 가능성이 높다.

채권이 주식보다 좋을 때와 반대로 채권이 주식보다 좋을 때가 있다는 이유를 설명하는 복잡한 도표와 그래프로 가득 찬 서적을 탐독할 만한 여유가 여러분에게는 없다. 어떤 사람에게 이런 책이 필요할까? 새벽 3시까지 파티에서 칵테일을 마시며 즐기다가도 아침 8시만 되면 문제없이 출근하는 여러분은 아니다! 여러분처럼 젊음과 생동감이 넘치며 영리한 사람은 없다.

쓸모없는 투자서적 나부랭이는 시간이 남아 소일거리를 찾는 괴팍한 노인에게나 필요할 따름이다. 여러분은 고루한 투자서적을 제쳐놓고 좀 더 재미있는 일에 관심을 두어야 한다. 예컨대, 요즘 할리우드 영화가 어떻게 돌아가고, 영화배우 벤 애플렉(Ben Affleck)이 누구와 사귀고 있는지에 대해 귀를 기울여야 한다. 이런 일들이 여러분 인생에서 중요하다.

아울러, 여러분은 책을 읽는 대신 그 시간에 흥미진진한 텔레비전 쇼를 보고 몸매를 유지하려고 윗몸일으키기를 하며 대학동창에게 전화를 걸어 안부를 묻는 편이 낫다. 연예 주간지인 《내셔널 인콰이어러 (National Enquirer)》와 최근 연예인의 사생활을 폭로한 잡지의 특종기사가 중요한가, 아니면 뜻도 모를 통계치를 동원해 이자율 동향을 엄청 지루하게 다룬 경제기사가 중요한가?

아마도 여러분과 나의 생각은 같을 것이다. 연예정보가 더 중요하고 재미있지 않은가?

쓰고 싶을 때 써라.
빚 좀 진다고 해서
걱정할 필요 없다

이것이 무슨 말인가? 여러분에게만 해당하는 경우이지만, 소득과 지출을 서로 맞출 필요가 없다는 말이다. 즉, 쓰고 싶은 만큼 쓰고 그 뒤는 생각하지 말라는 뜻이다.

대부분의 사람들과 상황에는 원인과 결과가 있다. 옛말처럼 많이 먹으면 살이 찌고 적게 먹으면 마른다. 소득보다 지출이 많으면 결국 파산하게 된다. 소득보다 적게 지출하면 저축할 수 있다. 저축을 많이 하면 결국 부자가 된다.

이것은 아주 간단한 진리이다. 하지만, 너무나 단순한 측면이 있다. 여러분이 탐내던, 정교하게 수공된 가죽 재킷을 구입할 때 과연 이 '진리'를 고려해야 할까? 또는 주변 사람들이 모두 부러워하는 자동차를 새로 구입하는 데 적용해야 할까? 아니면 여러분이 정열적으로 사랑하는 연인의 선물을 살 때 고려해야 할 진리일까? 천만에, 결코 그렇지 않다!

여러분이 원하는 필요한 물건(예를 들어, 50인치 평면 TV)이 할인 중일 때 여러분은 적자가 발생하는지 여부에 상관없이 그 물건을 구입해야 한다. 결국, 인생은 짧고, 즐길 수 있을 때 최대한 즐겨야 하기 때문이다.

이제 원하는 물건을 사고, 쓰고 싶을 때 주저 없이 지출하는 여러분의 생활을 보고 어떤 사람이 "이보게, 더 이상 빚지고 살아갈 수 없지 않나?"라고 말했다고 하자. 그러면 어떻게 대답해야 할까? 연방정부도 만성적자에 시달리고 있지 않는가? 그러나 해마다 적자에서 벗어나지 못해도 나라는 망하지 않고 그럭저럭 꾸려가고 있다. 마찬가지로 여러분에게도 기꺼이 돈을 빌려주려는 사람이 있다. 그렇지 않나? 현금이 없으면 신용카드를 사용하고, 한도가 차면 다른 신용카드를 새로 발급 받으면 된다. 도대체 무엇이 문제란 말인가?

여러분이 신용도가 높다고 평가받는 정부와 다른 점이 무엇이 있단 말인가? 정부는 고속도로를 새로 건설하거나 항공모함을 새로 보유하고자 할 때 원하는 대로 얻는다. 그와 마찬가지로 '여러분'도 새로운 목걸이를 갖고 싶어 하며, 라스베이거스로 여행가기를 원한다. 여러분이나 정부 모두 부채를 지는 것은 같은데, 둘이 서로 다르다고 말할 이유는 없지 않은가? 그냥 당장 필요한 것을 마련하라. 부채는 지금 걱정할 일이 아니다! 지금 당장 흥얼거리며 즐거워하고, 부채는 나중에 걱정하라. 부채는 '내일' 걱정하자. 내일은 결코 오지 않는다고 앞서 살펴봤기 때문이다!

당장 충분한 돈이 없어도
품격 있는 생활,
높은 소비습관을 시작하자!

인생이란 무엇인가? 몇 마디로 요약하면 인생이란 자신과 남에게 좋게 보이는 것이다. 지구상에 존재하는 남성과 여성이 왜 치장하는지에 대해 가장 단순하고 그럴듯한 이유가 바로 '좋게 보인다' 라는 말이다. 스콧 피츠제럴드(F. Scott Fitzgerald)의 소설에 등장하는 인물은 인생의 목적에 관해 "즐기며 인생을 살다 일찍 죽어 보기 좋은 시체를 남기는 것"이라고 말했다. 내게는 매우 논리적인 말처럼 들린다. 그리고 보기 좋은 것이 인생에서 최상의 목적이라면 '좋은 느낌' 은 두 번째에 가깝다.

좋은 차를 가지면 보기에 좋다. 그리고 여러분을 행복하게 만든다. 하지만, 좋은 자동차를 보유하려면 비용이 많이 들고, 그 비용은 여러분의 월급에 비해 터무니없이 높은 지출이 되므로, 만약 그 자동차를 구입한다면 여러분은 월세를 감당하지도 못할 재정상태에 빠질 것이다. 그래도 수입에 상관없이 근사한 모습을 계속 유지해야 한다.

사실, 여러분이 많은 돈을 벌지 못할 때 더 근사하게 보이도록 신경을 써야 한다. 그러면 주변 사람들은 여러분이 참으로 안정된 생활을 한다고 믿는다. 그 믿음에는 근사한 스포츠카, 유명 디자이너의 의류와 필라테스(Pilates : 동양의 요가와 서양의 스트레칭을 결합한 대표적인 웰빙 운동-역주)도 중요한 역할을 한다.

명품으로 치장하고 고급스러운 운동을 즐기면 주변 사람들은 여러분의 외모뿐만 아니라 내면도 우러러본다. 따라서 이를 위해 소비하는 것이 몇 푼 절약하는 것보다 훨씬 중요하다. 신용카드에서 현금 서비스를 받아 골프 클럽을 구입하면 어떨까? 새 클럽을 들고 골프를 치면 분명히 보기에 좋다. 물론 골프채를 구입하는 데 사용한 현금 서비스는 별것도 아닌 18% 이자를 붙여 몇 년에 걸쳐 상환하면 된다.

근사하게 되는 일이란 결국, 고등학생 시절로 되돌아가는 것과 같다. 즉, 고등학교 시절의 태도를 평생 유지하는 것이다. 고등학교 시절에 가장 멋있던 친구는 누구였는가? 바로 가장 멋진 옷을 입거나 전자제품을 보유한 친구였다. 여러분의 나이가 스물다섯 살이든 쉰다섯 살이든지 간에 여러분은 고등학교 시절처럼 멋지게 살아가고 있으며, 이제는 더 근사해 보이기 위해 값비싼 옷을 입고, 최신형 자동차를 구입하며, 휴가 때는 해외여행을 다닌다. 만약 스크루지처럼 돈을 쓰는데 인색한 회계사가 여러분에게 지출이 지나치다고 경고하면 걱정도 팔자라고 무시해 버려라. 결국 인생은 짧기 때문에 최대한 즐겨야 한다. 당장 즐길 수 있는 모든 것을 놓치지 말아야 한다. 여러분, 즐겁게 인생을 즐깁시다!

아울러 생각해야 할 일이 하나 더 있다. 여러분이 과감하게 돈을 써서 얻는, 세상에서 가장 즐거운 일 중의 하나는 화려한 주택을 보유하는 것이다. 품위 있는 저택이나 바다가 내려다보이는 콘도로 걸어 들어갈 때의 느낌이란 충만한 자부심과 더불어 헤아릴 수 없을 정도로 큰 기쁨이다. 게다가, 여러분의 근사한 주택을 지나는 사람들은 부러움이 가득한 시선으로 여러분을 바라본다. 그들의 감탄을 금치 못하는 모습을 상상할 때, 비록 금전적인 여유가 없더라도 무리해서 근사한 주택을 구입해야 하지 않겠는가! 이보다 더 큰 성취감을 만끽하기 위해 돈을 쓰는 것 외에 달리 방법이 있는가? 돈을 써서 멋진 집을 구입하

자. 어쩌면 친구들이 시기할 수도 있지만, 적어도 그들에게 깊은 감명을 줄 수 있지 않겠는가? 아니면 친구들은 적어도 당신을 주목하지 않겠는가?

평소에 꿈꿔오던 주택을 구입하고, 사치스런 생활방식을 유지함에 따라 여러분의 재정상태는 더욱 악화된다. 하지만, 사치는 여기서 끝나지 않는다. 좋은 집에는 그에 걸맞은 화려한 실내 장식이 필요하지 않은가! 비싼 돈을 주고 구입한 저택을 대학 기숙사처럼 꾸밀 수는 없다. 분명히 돈을 많이 들여 화려하게 실내 장식을 해야 한다. 여러분 스스로 하기 힘드니까 실내 장식 전문가를 고용하자. 가능하다면 정말로 부잣집이나 유명인사의 집을 꾸며 본 경험이 있는 인테리어 전문가를 고용해 뽐내보자. 비록 비용은 엄청나게 들겠지만! 나폴레옹이 궁전을 건축할 때 비용을 걱정했겠는가? 빌 게이츠가 호숫가에 저택을 지으면서 비용을 걱정했겠는가? 여러분도 주위사람에게 강한 인상을 남기려면 비용을 걱정하지 말고 집을 꾸며야 한다.

절약하고 저축하며 수입에 맞게 살아라(?). 웃기는 말이다.

친구들이 깊은 감명을 받고 여러분의 윤택한 생활방식을 한없이 부러워하도록 돈 쓰기를 주저하지 말자.

누가 돈을 더 많이 쓸 수 있을지 친구와 경쟁하라

나는 친구에게 시샘과 분노를 불러일으키고 여러분이 감당하기 어려운, 지나치게 사치스런 생활방식을 선택하라는 주장을 펼치고 있는지도 모른다.

그러면 방향을 바꿔 좀 더 우호적인 방식으로 돈을 써 보기로 하자. 예컨대, 친구와 함께 최고급 레스토랑에 가서 식사를 하고 그들보다 먼저 계산서를 집어 들고 지불하라. 다음번에 레스토랑에 갔을 때는 친구들이 비슷한 식사를 여러분에게 대접하고 계산할 기회를 제공하라. 이런 식으로 번갈아 고급식당에서 식사를 하면서 매번 지불하는 식사비용을 계속 증가시켜라.(바다가재 요리에 최고급 와인을 시켜 먹으면 그리 어렵지 않게 비용을 증가시킬 수 있다.)

또는 누가 가장 돈이 많이 드는 휴가를 다녀 올 수 있는지 친구들과 경쟁할 수도 있다. 아니면 휴가 중에 누가 더 비싼 호텔에 투숙했는지 경쟁해도 된다. 결국, 파산해서 서로의 처지를 가엽게 여기게 될 때까지 친구와 돈 쓰기 시합을 벌여라.

하지만, 당장 파산을 걱정하지는 마라. 친구와 더불어 빈털터리가 되는 일도 재미있다. 위험이 클수록 재미는 커진다!

예금 잔고나 **지출내역을** 확인하지 마라

무엇하러 은행잔고를 확인해야 하는가? 여러분이 애써 잔고를 확인하지 않아도, 잔고가 부족하면 은행에서 현재 재정상태를 상세히 알려주는 편지를 보내온다. 그렇지 않은가? 숫자와 도표로 빼곡한 편지를 받아 마음이 불편해지기 전까지 여러분은 돈 걱정하지 말고 그냥 즐기면 그만이다.

여러분은 기계가 아니다. 여러분은 일일이 예산을 세우고 이에 따라 치밀히 지출하도록 프로그램이 내장된 컴퓨터가 아니다. 그냥 즐겁고 태평스럽게 지내면 된다. 게다가 돈을 얼마나 썼는지 일일이 계산하다보면 스트레스만 받는다.

그러므로 사서 고생할 필요는 없다.

돈이란 사람을 위해 만들어진 것이지, 돈을 위해 사람이 존재하는 것은 아니다. 우리들의 삶을 편리하고 윤택하게 해주기 위해 돈이 만들어졌다는 사실을 잊지 말자. 여러분들은 현명하므로 돈에 끌려가지 않을 것이라 믿는다.

알토란같은 돈을 세금으로 **낭비하지 말자**

최근에 창업 붐이 일어나 많은 사람들이 자기 사업을 하고 있다. 여러분도 그 중에 하나로 사업체를 꾸려가고 있다면 반드시 분기마다 세금을 납부하지 않아도 된다. 세금은 계산하기에 복잡하고 귀찮을 뿐이다. 왜 알토란같은 돈을 정부에 내야 하는가? 정부가 얼마 되지 않는 돈을 여러분에게 세금으로 거둬가는 이유는 무엇인가?

이미 정부는 엄청난 돈을 보유하고 있으며, 무수한 인력을 채용하고, 건물, 항공모함, 잠수함을 보유하고 있다. 따라서 정부는 여러분이 납부하는 하찮은 세금이 필요하지 않다. 게다가 정부는 여러분에게 관심조차 없다!

　국세청이 세금을 미납한 사실을 알아차리고 독촉을 하면, 그때서야 영화배우 스티브 마틴(Steve Martin)의 대사를 인용해 "깜빡했어요."라고 대답하라. 국세청이 무슨 조치를 취할 수 있겠는가? 여러분은 극악무도한 살인범죄를 저지른 것도 아니고, 단지 세금을 납부해야 한다는 사실을 '깜빡' 했을 뿐이다. 우리는 자유민주주의 국가에서 살고 있다. 그까짓 세금을 납부하지 않았다고 국세청이 정말로 취할 수 있는 조치가 무엇이겠는가? 이란이나 북한처럼 무시무시한 형벌을 내리지는 않을 것이다. 자유국가인 미국에서 많은 사람들은 탈세를 하거나 세금을 전혀 납부하지 않으려고 한다. 현금이 더 필요한 사람이 과연 여러분인가, 아니면 이미 부유한 미국 정부인가?

　여기에 중요한 요점이 하나 있다. 매번 세금을 납부해야 할 시기가 돌아오면 여러분은 최대한 세금 공제를 받아라. 자녀가 없더라도 12가지 공제를 받을 수 있다. 그리고 세금신고를 해야 하는 4월 15일이 다가오면 소득세를 전혀 신고하지 마라. 이 방법을 통해 여러분은 세금으로 빠져나가는 돈을 계속 보유할 수 있다. 국세청이 이 사실을 추적해 여러분에게 세금을 징수하기까지 몇 년의 기간이 걸린다. 그리고 국세청은 세금을 미납한 사실을 발견해봤자 여러분에게 싫은 소리 몇 마디하고 인상 한번 쓸 뿐이지 엄청난 가산금이나 형벌을 내리지 않는다. 국세청은 여러분의 집이나 보트, 자동차를 압류하지 않고, 단지 "좋아요, 어려운 사정은 이해가 가지만, 가급적 세금을 납부하세요."라는 말만 할 뿐이다.

국세청은 여러분 편이다. 여러분을 동정하고 용서하는 기관이다. 기본적으로 이 나라는 대통령에서 일반 시민까지 세금을 내기 무척이나 싫어하는 사람들이 모여 사는 곳이다. 따라서 순진하게 때맞춰 세금을 납부하면 정부는 그 돈을 쉽게 낭비할 뿐이지만, 최대한 늦게 세금을 납부하면 여러분은 그 돈으로 즐겁게 살아갈 수 있다.

조세은닉을 활용하는 아이디어도 납세를 회피하는 좋은 아이디어이다. 회계사나 변호사를 통해 문서를 작성하고 은행계좌를 교묘히 분산시켜 국세청을 속여 넘기면 세금을 한 푼도 내지 않을 수 있다. 그리고 이런 일은 항상 성공한다. 잠깐만, 무슨 말을 하고 있는 것이냐고 의문이 들지 않는가? 국세청이 은닉계좌를 통해 조세를 포탈하려는 음모를 발견하고 법원에 계좌를 동결시켰다는 기사가 신문에 자주 나오지 않는가? 그래서 많은 사람들이 수십만 또는 수백만 달러를 추징당하지 않는가? 글쎄, 그건 다른 사람들 얘기이고 여러분이 발각되리라고 생각할 필요는 없다. 여러분의 음모는 완벽해 결코 발각되지 않는다!

보너스로 한 가지 방법을 더 알려 주겠다. 세금을 포탈했다는 사실이 밝혀져 정부가 여러분을 고소했고, 여러분은 변호사를 선임해 소송을 진행했다고 하자. 그렇다면 여러분은 조세변호사가 수수료로 청구하는 비용이 매우 적다는 사실을 알고 놀라움을 금치 못한다. 조세변호사는 여러분에게 법률 서비스를 제공하고도 웃길 정도로 작은 수수료와 비용을 청구한다. 또한 국세청도 악착같이 소송을 물고 늘어지지 않는다는 사실도 놀랍다. 일단 소송이 시작되면 국세청은 여러분에게 세금을 납부할 의향이 있느냐고 몇 번 타진한다. 여러분이 그럴 의사가 없다고 단호하게 거절하면 국세청은 소송을 포기하고 다른 조세회피자에게 관심을 돌릴 것이다.

의심스럽다면 한번 시도해 보라. 국세청은 여러분이나 나와 같은 국민에게 사랑받고 싶어 하지, 원수로 남고 싶어 하지 않는다.

소유한 만큼 자신의 **가치가 정해진다는** 사실을 유념하라

이 책은 나와 여러분 사이에 나누는 은밀한 대화이다. 그렇지 않은가? 이 책은 다른 사람이 여러분의 마음과 생각을 알아챌 수 있도록 하는 책이 아니다. 따라서 우리 사이에 하는 말인데, 여러분이 뚱뚱하고 변변한 직업이 없으며, 인간관계가 형편없다고 하더라도, 여러분은 자신에게 자신감을 불어넣은 방법을 알고 있지 않은가?

여러분은 자부심을 키우는 방법을 알고 있다. 여러분은 스스로 잘 났다고 생각하도록 만드는 적절한 물건을 구입해 자신을 영웅처럼 느낄 수 있다는 사실을 이미 잘 알고 있다. 여러분은 키도 작고 게다가 살까지 쪘을지도 모르지만, 근사한 스포츠카를 몬다면 사람들은 여러분을 분명히 다르게 본다. 여러분의 마음은 메말라 있을지도 모르지만, 소득에 가당치도 않을 정도로 화려하게 꾸민 저택에서 산다면 누구도 여러분을 가볍게 보지 않는다.

친구들은 실패한 여러분을 속으로 비웃겠지만(일부는 대놓고 킬킬대기도 한다), 최신형 재규어 스포츠카를 타고 손목에 번쩍거리는 롤렉스시계를 차고 나타난다면 누가 감히 비웃을 생각을 하겠는가?

인생이란 이런 것이다. 그렇지 않은가? 내 말은 여러분이 고급 스테레오, 엄청 큰 평면TV와 명품의류를 소유하지 않는다면 누구도 여러분을 좋아하지 않고 자기 자신에 대해서도 큰 애정을 느끼지 못한다는 뜻이다. 세상은 물질을 중시하며 여러분도 역시 물질을 숭배하는 남성, 또는 여성임이 분명하다. 여러분도 자신이 보유한 물질의 가치만큼 자신을 사랑하고, 다른 사람 역시 여러분의 소유물을 보고 여러분을 좋아할지 여부를 결정한다.

따라서 망각의 회전바퀴에 올라서자. 쓰고 쓰며 또 쓰고……, 따라서 소유하고 소유하며 또 소유하고……, 여러분이 마침내 자부심을 느낄 때까지 소비를 멈추지 마라.

여러분은 행복이란 마음에 달려 있다는 말을 많이 들어봤을 것이다. 그러나 이것은 헛소리이다! 행복은 소유와 소비에서 생긴다.

행복은 구입한 후 제대로 쓰지도 않은 채 방 한 구석에 쌓여 있는 물건의 상자가 늘어날수록 커진다. 행복은 자부심, 열심히 일한 하루, 끈끈한 우정이 아니라, 아르마니, 구찌, 벤츠, 리츠칼 튼호텔, 프라다, 루이비통, 샤넬 등 값비싼 명품에서 나온다.

여러분이 돈을 써서 명품을 구입하고, 최고급 레스토랑에서 식사를 하며, 일류호텔에 머물지 않는다면 자신은 물론 다른 사람의 시각에 여러분은 아무런 가치가 없다. 이 사실을 기억 하라.

가능한 한 많은
신용카드를 발급 받고,
되도록 자주 사용하라

여러분은 가장 산업화된 사회에서 살고 있다! 여러분은 사회를 주도하는 계층이다. 즉, 여러분은 신용카드를 보유할 자격이 있다. 그것도 아주 많이. 신용카드라고 이름을 붙인 이유를 아는가? 사람들이 신용을 얻어, 다시 말해 빚을 내서 현재 소득으로 살 수 없는 물건과 서비스를 구입할 수 있기 때문이다!

다시 한번 강조하지만, 여러분은 21세기를 살아가는 산업국가의 시민이다. 따라서 신용카드의 사용은 여러분의 권리이자 의무이다. 아니 그 이상으로, 빚을 지면서까지 신용카드를 사용해야 하는 일은 문명화된 21세기를 살아가는 시민의 신성한 '의무'이다! 시민들이여, 신용카드를 통해 물품을 외상으로 구입하지 못하게 한다면 훌륭한 우리 사회에 무슨 일이 일어날지 생각해 봤는가? 재앙이 발생할 것이다. 수천만 명의 노동자들이 직장에서 쫓겨나 사회적 불안이 발생한다. 기업은 이윤이 감소하고 주식시장은 영원히 붕괴한다. 마치 적국이 침입하여 영화로운 제국이 망한 것과 다름없는 사태가 벌어질 것이다.

여러분이 신용카드를 사용하지 않는다면 여러분은 알 카에다(Al Qaeda)의 테러리스트와 같은 행동을 하는 셈이다. 너무 심한 말이라고? 하지만, 결코 지나친 말이 아니다.

따라서 여러분은 사랑하는 국가를 파괴하는 행동을 하지 말아야 한다. 여러분은 돈을 빌리고 빌리며, 또 빌려 쓰고, 또 쓰는 의무를 다해야 한다. 신용카드는 승차권이나 다름없다는 사실을 명심하라. 신용카드는 꿈꿔왔던 곳으로 여행을 보장하는 승차권이다.

지갑에 신용카드가 빼곡히 꽂혀있지 않다면 여러분은 스스로 자신을 부정하는 것이다. 신용카드가 없다면 여러분은 자신이 '능력' 있는 사람이라는 자부심을 느낄 수 없다. 결국, 어떤 광고 문구처럼 신용카드 없이 집 밖을 나설 수 있겠는가? 호주머니에 갖고 있는 현금이나 은행잔고에 따라 지출을 제한받는다면, 이는 여러분의 다리를 반으로 잘라 걸어 다니는 속도를 뚝 떨어뜨리는 일이다. 우리는 이런 일이 일어나기를 원하지 않는다.

여러분이 나라 전체를 구하고 동시에 자신에게도 능력을 부여하는 용감한 행동이란 무엇인가? 간단하다. 될 수 있는 대로 많은 신용카드를 발급 받고 가능한 한 자주, 그리고 많이 사용하는 것이다.

그러고 나서……

한도까지 신용카드를 사용했다면 새로운 신용카드를 발급 받자!

신용카드 발급 신청서는 매우 쉽게 구할 수 있다. 은행에 가서 그냥 집어오거나 어떤 때는 집으로 발급 신청서가 날아오기도 한다. 구할 수 있는 모든 신청서를 작성해 가능한 한 많은 신용카드를 보유하라. 신용카드를 사용하면서 현재 소득이나 신용카드의 보유상태를 고려해서는 안 된다. 일일이 따져가면서 신용카드를 사용하는 행동은 바보 같은 짓이다. 인생을 도표처럼 치밀하게 계획하려는 시도조차 해서는 안 된다. 내가 이미 말했듯이, 여러분은 기계가 아니다. 그냥 카드를 발급받은 후 사고 싶은 물건을 사면 된다. 이런 행동은 여러분을 만족시키는 데서 그치지 않고 애국적인 행동으로 연결된다.

여러분은 신용카드를 남용하고 있거나 너무 많은 신용카드를 보유했는지 알아보고 싶은가? 좋은 방법이 있다. 여러분이 은행이나 신용카드 회사에 새롭게 카드 발급을 신청했을 때 신용카드가 계속 발급된다면 그것은 아직 아무런 문제가 없고 충분히 지출할 수 있는 능력이 있다는 사실을 의미한다.

신용카드 회사가 유타(Utah) 주 사막 한가운데 지하 깊숙이 콘크리트 건물을 건설하고 이 건물 안에 슈퍼컴퓨터를 운용하고 있다는 사실을 아는가? 이 슈퍼컴퓨터는 여러분을 보살피고 도우려는 목적으로 설치되었다. 이 컴퓨터는 여러분이 사용하는 신용카드 상태를 점검해 너무 많이 사용한다면 새로운 카드 발급을 제한한다. 뜬소문처럼 들리겠지만, 사실이다.

신용카드 회사는 여러분에게 최고의 서비스를 제공하고자 비싼 슈퍼컴퓨터를 설치했다. 신용카드 회사가 여러분에게 계속 새로운 신용카드를 발급하는 것은 여러분에게 새로운 신용카드가 '필요' 하다는 의미이며(슈퍼컴퓨터가 여러분을 자세히 분석해 발급여부를 결정한다.) 아직까지는 신용카드 사용대금을 상환할 능력이 있다는 뜻이기도 하다. 따라서 신용카드 신청서를 작성해 발송하고 지갑에 신용카드가 하나하나씩 늘어가는 기쁨을 만끽하자.

지금 소개한 지침은 다음 장에서 설명할 원칙과 긴밀한 관계
가 있다.

신용카드 대금 **청구서를 받았을 때** 매달 최소금액만 결제하라

매달 날아오는 신용카드 대금 청구서를 받아보고 여러분은 결제해야 할 최소금액이 생각보다 적다는 사실에 기분이 좋아진다. 사실, 매달 수백 달러를 신용카드로 사용하는 데도, 결제해야 할 최소금액은 신경 쓰지 않아도 될 만큼 적다. 총 청구금액이 수천 달러라면 실제로 결제해야 할 최소금액은 100달러 정도밖에 되지 않는다.

최소 결제금액이 적다는 사실을 두고 좋다고 할 이유가 무엇인가? 내 말은 필요 없이 부담을 떠안아야 할 이유가 무엇이냐는 의미이다. 그리고 청구서 하단에 조그맣게 인쇄된 결제를 뒤로 미루면서 물어야 할 이자와 수수료는 어떠한가? 이 금액이 여러분을 불편하게 만드는가? 결코 그렇지 않다. 이자와 수수료라 해봤자 얼마 되지 않기 때문이다. 따라서 1,500달러를 20년 동안 분할해서 상환한다면 어떻겠는가? 매달 20달러 정도만 결제하면 되는데, 총 청구금액을 일시에 결제하려고 바동거릴 이유가 무엇인가?

따라서 최소금액을 결제해 당장 사용할 수 있는 자금을 넉넉히 보유하라!

결코 돈이 **떨어지지 않는다고** 마음 속 깊이 안심하라

여러분에게는 《오즈의 마법사(The Wizard of Oz)》에 나오는 마음씨 좋은 마법사가 있다. 착한 마법사는 돈과 관련해 여러분에게 나쁜 일이 일어나지 않도록 조치를 취해준다. 다시 말해서, 여러분이 방탕하게 돈을 사용하더라도 결코 현금이 떨어지지 않게 해준다는 뜻이다. 결코…….

이 같은 마법사는 여러분의 아버지, 어머니, 부자인 삼촌이나 너그러운 대부가 될 수 있다. 그리고 이들 마법사는 여러분이 파산하거나 노숙자로 전락하지 않도록 갖가지 도움을 준다.

그런데 경제적으로 매우 어려운 상태에 처하게 될 여러분을 기꺼이 구해줄 가족이나 다른 사람들을 발견하지 못할 경우에는 어떻게 대처해야 할까? 걱정하지 마라. 소리 없이 나타나 여러분에게 구원의 손길을 내미는 사람이 있다. 직장을 잃고 신탁재산을 날리거나 라스베이거스 카지노에서 전 재산을 탕진한 불행한 사람이 될 운명은 여러분에게 찾아오지 않는다. 여러분에게는 수호천사가 있다. 경제적으로 불행한 일은 여러분에게 발생하지 않는다. 여러분은 항상 넉넉히 돈을 보유하게 될 것이다. 그리고 여러분 주위 어딘가에는 돈이 끊임없이 흘러나오는 샘물이 있다.

걱정하지 말고 소비를 멈추지 마라.

나를 따라 말해보라.
"나는 내 재정 상태에 책임이 없다"

그렇다면, 책임감을 느껴야 하는 이유는 무엇인가? 앞에서 말했지만, 여기서 책임감이란 여러분이 원하던 물건을 구입했을 때 자기절제, 자기단련, 금욕과 관련이 있다. 여러분이 자신의 재정 상태에 책임이 있다면 계산기와 노트를 펼쳐 놓고 이전처럼 구입할 수 없는 물건이 무엇인지 파악해야 한다. 따라서 자신의 욕구를 부정해야 할 경우도 생긴다는 뜻이다.

그렇다. 책임감은 쓸데없고 느껴서는 안 될 못된 것이다!

따라서 누군가(남편, 아내, 부모님, 형제자매 또는 친구 등) 나타나 여러분을 보살펴 주리라 계속 생각하는 편이 낫다. 아니면, 여러분은 재정 상태가 어렵게 된 원인과 책임을 조지 부시 대통령과 같은 정치인, 글로벌리스트(globalist, 미국을 중심으로 강대국 중심의 경제 질서 재편에 반대하는 세력−역주) 등 다른 사람에게 돌려라. 여러분에게 무슨 일이 일어나든 여러분은 책임이 없으므로 앞으로도 자신을 책망하지 마라. 여러분은 인생이 어떠해야 한다고 생각하는가? ‘즐거운’ 인생이어야 하는가? 아니면 《보그(Vogue)》나 《에스콰이어(Esquire)》 같은 잡지에서 보는 인생 같아야 하는가? 나는 그런 인생은 아니라고 생각한다. 여러분의 생각은 어떤가?

돈에 관한 책임성은 멍청이나 괴짜에게나 필요하다. 여러분은 히피처럼 자유로운 정신을 소유한 사람이지 일일이 따지는 회계사가 아니다. 그러므로 여러분은 그냥 하고 싶은 대로 하면 되고, 걱정은 다른 사람에게 맡기자.

나가는 돈보다 **들어오는 돈이 많다고** 믿자

직장에서 보너스를 받았다고 가정하자. 일부 멍청이는 정말로 돈이 필요한 미래를 위해 그 돈을 저축하자고 말한다. 그런데 멍청이들과 달리 여러분이 저축하지 말아야 하는 이유는 무엇인가? 첫째, 여러분이 '당장' 필요하여 갖고 싶은 물건을 살 수 없기 때문에 나는 저축을 하지 말라고 이미 여러분에게 말했다. 둘째, 보너스는 생각지도 못했던 것을 받은 공돈이고, 미래에 또 보너스를 받을 가능성이 있다. 따라서 지금 받은 보너스로 휴가를 떠나거나 보트, 또는 자동차를 구입하라! 여러분은 결코 직장에서 쫓겨나지 않기 때문에 보너스를 또 받을 것이다. 사치스런 명품을 사고 오락을 즐기는 데 충분한 돈은 언제나 들어온다.

또는 유산을 받았을 경우는 어떤가? 그것은 엄청 좋은 일이다. 제발 물려받은 유산을 보전하려고 애쓰지 말기 바란다. 쓰며 즐기라는 뜻에서 여러분에게 유산을 물려줬다는 사실을 잊지 말자.

여러분은 보너스와 달리 유산을 받을 기회가 평생에 단 한번뿐일지도 모르기 때문에 이 유산을 저축하는 편이 낫다고 생각하는가? 음, 나는 그렇게 생각하지 않는다. 항해가 끝난 후 뭍에 올라와 흥청망청 돈을 쓰는 술 취한 선원처럼 유산을 써버리는 편이 훨씬 신중한 행동이라고 생각한다. 아울러 여러분이 알지도 못하는 먼 친척이 큰 유산을 물려줄지 누가 알겠는가? 따라서 돈이 떨어져 궁색하게 될지도 모른다는 걱정은 떨쳐버려라. 그것은 결코 여러분에게 일어나지 않을 일이다!

갑자기 많은 돈이 있었으면 좋겠는가? 그러면, 로또복권이 있지 않은가?

친구에게 돈을 빌려줘라.
특히 연인에게는
주저 말고 돈을 꿔주자

《햄릿(Hamlet)》에 나오는, "돈을 빌리거나 빌려주지도 마라."라는 폴로니우스(Polonius)의 대사를 기억하는가? 셰익스피어가 살던 400여 년 전에나 맞는 말이다. 하지만, 오늘날에는 잠꼬대 같은 소리에 불과하다.

돈을 빌려주는 것은 좋은 행동이다. 잘 알고 있겠지만, 돈을 빌려줌으로써 친구와 관계를 돈독히 할 수 있다. 돈을 빌려줘 더욱 깊은 우정을 나누고, 여러분이 그 친구를 항상 생각한다는 사실을 보여줄 수 있다. 더구나, 어떤 사람에게 돈을 빌려줌으로써 여러분은 그 사람을 충분히 믿고 있으며 그들이 돈을 분명히 갚을 것이라는 신뢰를 전한다.

다른 사람에게 돈을 빌려줌으로써 여러분이 그 사람을 얼마나 신뢰하는지를 확실히 보여줄 수 있는 것이다! 여러분이 어떤 사람을 걱정하고 관심을 기울인다는 사실을 보여주고 싶다면 당연히 돈을 빌려주는 데 주저하지 않아야 한다. 돈을 빌려주는 것은 정말 친절하고 사려 깊은 행동이며, 이로써 돈을 빌린 사람과의 애정은 지금보다 깊어진다. 언젠가 돈을 빌린 사람이 여러분에게 돈을 갚게 될 때가 오면, 여러분은 오히려 돈을 갚아줘서 고맙다는 생각을 한다.

마찬가지로 그들은 여러분의 관대함에 한없이 감사함으로써 둘 사이의 우정과 사랑은 깊어진다. 오히려 연인이나 친구에게 다이아몬드나 자동차를 선물했을 때보다 돈을 빌려주었을 때 고마워하는 정도가 더 크다.

돈을 빌린 사람은 돈을 갚기 직전까지 주저하지 않고 빌려주는 여러분의 관대함에 감동 받고, 여러분도 돈을 꿔간 사람들이 그렇게 빨리 돈을 갚으며 고마워하는 모습에 가슴이 따듯해짐을 느낀다.

돈을 빌려주고 갚는 일에서 가장 아름다운 부분은 돈을 빌려간 사람이 언제나 돈을 갚는다는 사실이다. 법정 드라마 〈여판사 주디(Judge Judy)〉에서 자신의 연인에게 돈을 빌린 후 갚지 않는 실직자를 본 적이 있는가? 돈을 떼먹는 사람은 백만 명에 하나 정도밖에 안 된다. 드문 사례를 생각하지 마라. 사랑한다면 돈을 반드시 갚고, 그러면서 사랑은 더욱 깊어진다.

이 책을 읽은 여러분도 주저하지 말고 돈을 빌려주자. 연인과 친구에게 돈을 빌려줄 때 사랑과 우정은 돌처럼 단단해진다.

'돈을 잘 사용하는 방법은 치장하는 데 쓰는 것이다!' 라는 법칙을 명심하자

돈이 돈을 번다는 옛말은 정말 맞는 이야기이다. 여러분이 처음부터 돈을 충분히 보유하지 않았다고 가정하자. 그렇다면 돈 많은 사람을 속이는 유일한 방법은 돈 많은 사람인 체하는 것이다. 구체적으로 설명하면, 여러분은 하늘이 반쪽 나도 반드시 돈이 많은 사람처럼 옷을 입고 좋은 차를 몰아야 한다. 여러분이 아르마니나 폴로를 입고 있다면 비슷한 수준의 옷을 입는 사람을 유인할 수 있다. 명품을 주로 입는 사람들은 분명히 부자이고, 그런 사람들과 교제하면서 여러분도 역시 부자가 될 가능성이 높아진다. 마찬가지로, 여러분이 재규어나 BMW를 몬다면 비슷한 차종을 모는 부자들과 쉽게 어울리고 그런 사람들을 이용해 부자가 될 수 있다.

다시 말해, 겉으로 드러나는 여러분의 모습을 통해서 여러분은 큰 수고를 하지 않고도 부자들의 돈을 끌어들일 수 있다.

성공을 위해 겉모습에 돈을 사용하는 방법이 저축보다 훨씬 뛰어나다. 결국 치장에 쓰는 돈은 미래를 위한 투자이다. 좋은 일은 겉모습에 투자하는 사람에게 일어난다. 아주 간단하고 쉬운 일이다. 제발 치장하는 데 돈이 얼마나 들지를 걱정하지 마라. 몇 번이나 말하지 않았는가? 우리에게는 신-용-카-드가 있다고!

주변 사람에게 돈을 나눠주는, 마음씨 좋고 너그러운 사람이 되자

주변에 직장을 잃고 경제적인 어려움에 시달리며 실의에 빠진 친구가 있는가? 좋은 기회이다. 그들을 데리고 쇼핑하면서 필요한 옷, 액세서리와 전자 제품을 사줘라!

친구들 여러 명과 함께 점심식사를 했는가? 훌륭한 기회이다. 재빨리 계산대로 뛰어가 여러분의 신용카드로 계산하라.

사기를 북돋아줄 이웃이 주변에 있는가? 아주 멋진 기회이다. 그들에게 다이아몬드나 골프 회원권처럼 엄청나게 사치스러운 물건을 사줘라.

직장에서 쫓겨나 불행한 삶을 사는 사람을 알고 있는가? 너무 슬픈 일이다. 그들에게 집세를 대주는 데 그치지 말고 자동차도 한 대 선물하라. 더 나아가 집을 사서 그에게 공짜로 빌려주고 친구가 어려움에서 벗어나도록 아낌없이 돈을 써라.

이런 행동에는 두 가지 기능이 있다. 하나는 불행한 처지에 빠져있는 사람을 돕는 것이고, 다른 하나는 좋은 일을 해서 여러분 스스로 보람을 느끼는 것이다. 가난한 사람에게 몇 백 달러 준다면 티가 나겠는가? 되도록 통 크게 도와야 한다. 여러분이 다른 사람을 도우면서 느끼는 보람이 중요하다. 다음 달 청구서에서 제시한 돈을 지불하지 못했을 때 발생할 일에 대하여 걱정하지 마라. 여러분은 산타클로스이고, 다른 사람을 한없이 돕는 일이 여러분의 임무이다.

어쨌든, 주변사람에게 금전적으로 많은 도움을 주었을 때 기분 나쁠 사람이 어디 있겠는가? 따라서 돈을 결제할 걱정 따위는 접어두고, 이처럼 좋은 기분을 만끽해 보자!

빠르게 부자가 되고 무에서 유를 창조할 수 있다고 확신하라

세상에 공짜 점심이 없다고 하는데 반드시 그렇지만은 않다. 너무나 분명한 일이라서 구구절절이 설명할 필요도 없다고 생각한다. 여러분처럼 영리한 사람은 이 사실을 태어나면서부터 알고 있으리라고 생각할 정도로 간단한 일이다.

기본적으로 운이나 기회, 또는 순식간에 스쳐 지나가는 직감에 따라 하루아침에 부자가 된다. (다음 장을 봐라.) 여러분은 부자가 되기 위해 경험에 의지하거나 노동, 또는 투자를 할 필요가 없다. 여러분이 올바른 길을 가고 있다면 여러분은 하루

아침에 큰 돈을 만질 수 있다. 돈이 여러분의 집에 흘러 넘칠 것이다.

이 세상의 모든 부자는 무(無)에서 유(有)를 창조한 사람들이다. 우리가 잘 아는 빌 게이츠, 카네기, 록펠러 등 하나같이 무에서 유를 창조했다. 여러분이라고 왜 못하겠는가? 여러분은 그들보다 더 뛰어난 재능을 갖고 있다.

내가 이것에 대해 좀 더 설명해 보겠다……

열심히 일할 필요가 전혀 없다. 단지 기막힌 **발명 아이디어** 하나만 있으면 된다

좀 더 편한 방법을 택하자. 멍청이들이나 힘들게 일해서 돈을 번다. 노동은 실패자나 바보가 하는 짓이다. 무일푼이 된 노인들을 주위에서 얼마나 흔하게 볼 수 있는가?(의심스럽다면 직접 조사해봐라.) 그들은 평생 동안 노예처럼 일하고도 아직도 무일푼 신세이다. 무일푼은 아니라도 적어도 부자는 아니다. 얼마나 많은 여러분의 동료들이 쉴 새 없이 일했지만, 쥐꼬리만큼 월급이 오르고 (아예 오르지 않는 경우도 있다.) 출세를 전혀 하지 못하는가?

이런 고통스러운 현실에서 자유로워져야 한다. '부지런으로 여러분은 아무 것도 이룰 수 없다.' 부지런은 상상력이 없는 사람들이 할 일이다.

그러나 여러분은 다르다. 여러분에게는 창조적인 재치가 있다. 또한 여러분은 어느 날 새벽 4시에 벌떡 일어나 "바로 그거야!" 라고 외칠 수 있는 특별한 마법이 있으며, 엄청난 부를 축적할 두뇌가 있다.

그 영감이란 무엇일까? 글쎄, 내가 알고 있었다면 이미 큰 부자가 되었을 것이다. 그렇지 않은가? 하지만, 나는 부자가 아니다. 그럼 과연 무엇일까? 획기적인 발명품일까? 인터넷을 통해서 실제로 사랑을 나누는 상상치도 못할 새로운 컴퓨터 프로그램일까? 섹스 중독자들을 위한 데이트 서비스인가? 아니면 성경이 갖고 있는 암호를 풀어 주식의 매매시점을 알려주는 어떤 공식인가?

여러분은 바로 다가올 미래를 예측하지 못할지도 모르지만, 그래도 여러분에게는 대부분의 시간을 소파에서 빈둥거리며 모든 텔레비전 재방송을 보고, 정크푸드(junk food)를 폭식하며, 담배를 몇 대 피우다가 깜빡 잠들었다 깨어나면 모든 것을 바꿀 기막힌 아이디어가 떠오를 것이다. 순식간에 여러분은 자신보다 앞질러 잘 나가던 부지런한 멍청이보다 저만치 앞서가는 자신을 발견할 것이다.

너무 열심히 일하지 마라. 충분히 낮잠을 자며 그저 머리 속에서 기막힌 아이디어가 번쩍이며 지나갈 때를 기다려라. 세계는 숨을 죽이고 세상의 어떤 발명도 우습게 만들 기막힌 아이디어를 가지고 여러분이 나타나기를 기다리고 있다.

아이디어가 나타나기를 기다리자. 여러분은 기막힌 아이디어 한 개이면 충분하다.

집을 사지 마라–
여러분 같은 자유로운 영혼은
뿌리를 내려 자리를 잡을 필요가 없다

'집을 소유하는 일은 골칫덩어리' 라는 현실을 직시하자. 여러분이 집을 구입하면 계약금을 지불하기 위해 저축을 해야 한다.(그리고 나는 벌써 돈을 저축하지 말라고 이야기했다. 휴가, 옷, 차, 그리고 스테레오처럼 여러분이 정말로 필요한 즐거움에 돈을 쓸 수가 없기 때문이다.) 그래서 주택의 구입은 문제가 된다.

그 다음에, 여러분은 정말로 하기 싫은 일을 해야 한다. 여러분은 적어도 30년 동안 주택할부금을 부어야 한다. 여러분은 집을 사는 순간부터 30년 동안 매달 빠지지 않고 은행이나 주택할부 금융회사에 적지 않은 금액을 납부하겠다는 약속을 하는 셈이다.

주택할부금을 붓는 일이 즐겁겠는가? 온전한 사람이 그런 구속을 좋아하겠는가? 나는 싫다. 그렇다면 여러분은 어떤가?

집을 유지하고 보수하는 일은 어떠한가? 셋집에서 산다면 여러분이 해야 할 일은 그저 화장실이 고장 났을 때 관리인에게 전화만 하면 된다. 그러나 집주인이라면? 여러분은 어쩔 수 없이 청소도구를 들고 직접 수리에 나서야 한다. 집에 쥐가 있다면 여러분은 쥐약을 놓고, 보기만 해도 소름끼치는 쥐를 잡아야 하고, 고양이를 길러 작고 고약한 쥐들을 몰아내야 한다.

그리고 지붕이 샌다면? 그럼 어떻게 하겠는가? 아울러 만약을 대비해 화재보험, 홍수보험, 지진보험에 가입해야 한다. 여러분이 캘리포니아에 산다면 책임보험도 들어야 한다. 이외에도 해야 할 일들이 너무나 많다. 페인트칠도 해야 하고 아직 조경까지 신경 쓸 여유가 없겠지만, 결국 조경도 주요한 문제가 될 것이 분명하다. 여러분은 집을 살 때까지 이런 일들을 생각조차 못했겠지만 여기서 끝나지 않는다. 단지 꼭 해야 할 중요한 일만 언급했을 뿐이다.

내가 흰개미에 대해 언급한 적이 있는가? 여러분은 흰개미가 얼마나 큰 재해를 일으키는지 아는가? 하지만, 흰개미도 집주인들이 걱정해야 할 작은 일 중에 하나일 뿐이다.

왜 이런 일들을 하는가? 물론, 집을 잘 유지하고 보수하면 집값이 올라간다. 집값을 올려 수영장이 있는 새 집을 산 뒤에 주택할부금을 내는데 도움이 될 수도 있다. 아무리 그렇다고 일요일 아침 7시에 배관공을 찾느라 수선을 떨 만한 가치가 있을까?

그렇다. 여러분은 집을 구입한 뒤 계속 할부금을 부으면 막대한 세금 공제를 받는다. 그런데? 나는 세금을 아예 내지 말라고 하지 않았던가!

대부분의 사람에게 집은 가장 큰 재산이고, 주식시장에서 손실을 보거나 직장을 잃게 될 경우 중요한 생계수단이 될 수도 있다는 말은 틀리지 않는다. 하지만, 이 사실도 여러분에게 아무런 의미가 없다. 여러분은 트루바두르(troubadour, 중세에 프랑스 남부에서 활약한 음유시인을 지칭―역주)이며 히피족처럼 자유롭게 산다. 여러분은 세속적으로 돈을 쫓으며 사소한 일에 관심을 뺏길 필요가 없다. 집수리나 페인트 칠, 흰개미 문제는 여러분이 아닌 집주인에게 맡겨라. 여러분은 브리트니 스피어스(Britney Spears)가 저스틴 팀버레이크(Justin Timberlake)와 재결합할 것인지와 같은 문제를 걱정하라. 동네 슈퍼마켓에서 여러분이 좋아하는 술을 팔지를 걱정하고 스포츠카에 난 흠집을 걱정하라.

다른 사람들이 멍청한 방식으로 돈을 벌고 집을 팔아 시세차익을 보도록 그냥 나둬라. 사람들이 돈 버는 기계로 변하고 있다면 그것은 그들의 문제이지 여러분의 문제는 아니다. 그냥 자유롭게 생각이 가는 대로 살아가라. 여러분과 같은 시인이나 예언자는 집을 소유해서는 안 된다.

절대로 안 된다.

금전적인 어려움에서 **벗어나기 위해** 언제나 돈을 빌릴 수 있다는 확신을 갖자

여러분은 저축할 필요가 없다고 내가 여러 번 강조한 사실을 알고 있다. 내 말에 귀 기울이지 않은 몇몇 사람은 "돈이 갑자기 필요하면 어떻게 하지? 저축하지 않았는데 갑자기 돈이 필요하면 어떻게 대처하지?"라고 생각하며 조금씩 마음이 흔들릴지도 모른다.

좋은 의문이다. 그리고 여기에 좋은 해답이 있다. 신용카드에서 현금서비스를 받아 돈이 필요할 때 쓰면 된다. 이자율은 20%밖에 되지 않는다. 때때로 이자율은 좀 더 높을 수도 낮을 수도 있다. 신용카드를 발급한 은행은 여러분에게 돈을 빌려주기를 항상 좋아한다. 현금서비스는 돈을 인출하기도 쓰기도 매우 쉽다.

아니면 대출기관에 가서 무담보 대출을 받아라.(여러분은 담보로 잡힐 집이 없다는 사실을 알기 때문에 무담보 대출을 권유한다.) 무담보 대출도 역시 아주 좋은 제도이다. 물론 무담보 대출을 받아도 얼마 되지 않는 이자를 부담해야 한다. 하지만, 얼마 되지 않는 이자가 무슨 부담이 되겠는가?

약간 은밀한 방법이 있기도 하다. 여러분에게 돈을 빌려주고 싶어 하는 특별한 친구들이 있다. 사실, 많은 사람들은 돈을 빌려주려고 하지 않는다. 그런 사람은 여러분의 친한 친구들이 아니다. 친한 친구이라면 여러분에게 돈을 빌려주고 어려움이 있을 때마다 계속 금전적 지원을 아끼지 않아 여러분이 난관을 극복하도록 도움을 준다. 그래서 진정한 친구가 필요하다.

돈을 빌려달라는 말을 하기 어렵게 생각하거나 돈을 빌려달라는 부탁을 받은 친구들이 느끼는 난처함을 생각할 필요는 없다. 그냥 부탁해라, 아니 당당하게 요구해라. 친구에게 못할 요구도 아니지 않은가? 그들은 분명히 저축을 할 만큼 지루하고 소심한 삶을 산다. 친구를 위해 좋은 일도 하지 못하면서 저축을 해야 할 필요가 있을까? 그러므로 친구에게 돈을 빌려라. 여러분의 친구는 기꺼이 돈을 빌려줄 의무가 있고, 돈을 빌리면 친구와의 우정은 더욱 돈독해진다.

충고를 하나 더 하자. 돈을 빌리면 '갚지 마라.' 잠깐만 생각해 보자. 여러분이 1천 달러를 빌리고 몇 주 후에 되갚는다? 그러면 여러분의 상황은 예전과 달라지지 않는다. 그러나 여러분이 돈을 빌리고 갚지 않는다거나, 약간의 돈만을 갚는다면 여러분은 이득을 남길 수 있다. 이것은 선물과도 같은 것이다. 따라서 돈을 빌려라. 여러분의 친구들이 여러분을 도와줄 기회를 제공해 즐거움을 느끼게 해줘라. 그리고 돈을 갚지 않아 여러분도 즐거움을 만끽하라.

금전적으로 어려운 상황을 벗어나기 위한 가장 현명한 아이디어는 돈을 빌리는 일이다. 명심해야 한다!

필요성을 떠나 쇼핑 자체가
정신적이나 육체적으로
훌륭한 운동임을 확신하라

쇼핑은 즐겁다. 상점에 들어가면 종업원이 친절하게 맞이하며 옷을 한 번 입어보라고 권유한다. 맘에 드는 물건이 있으면 따지지 말고 그냥 사라. 그러면 마치 새로운 사람이 된 느낌이 든다. 뿐만 아니라, 쇼핑을 하면 집 밖에서 나와 여러 사람을 만나게 된다. 돈을 쓰는 사람은 바로 '여러분'이므로 당당하게 세상을 지배하라. 종업원들은 아무리 여러분이 변덕스러울지라도 여러분의 요구를 웃음으로 기꺼이 받아준다.

게다가 이리저리 상점을 돌아다니다 보면 운동도 많이 된다. 걷기 운동은 엉덩이와 종아리, 그리고 허벅지에 좋다. 그렇지 않은가?

쇼핑이 여러분에게 유용한 이유를 몇 가지 제시하니 추가로 명심하라.

• 제 가격을 다 주고 구입한 물건은 가격에 걸맞은 가치가 있다. 따라서 비용이 들겠지만, 파격적으로 할인된 가격에 구입한 물건은 거의 공짜와 다름없다.

• 유명 브랜드의 의류는 무명 브랜드의 옷보다 훨씬 좋다. 겉모양이 똑같고 동일한 옷감을 사용했더라도 유명 브랜드 의류가 훨씬 좋다. 그리고 할인점에서 유명 디자이너의 의류를 구입할 생각을 하지 마라. 정가를 모두 주고 산 옷만이 오랫동안 보관할 가치가 있다.

• 어떤 날 충동적으로 구매한 물건이 '정말 필요가 있을까?' 라는 생각은 금물이다. 여러분이 그냥 사고 싶은 물건이 있어서 구입했다면 그것이 바로 여러분이 그 물건을 원하고 있다는 뜻이고 그런 물건은 반드시 구입해야 한다.

눈에 띄면 구입하라!

늦은 밤 무료하거나 외롭다고 느낄 때 **홈쇼핑이나 인터넷으로** 상품을 주문하라

여러분은 늦은 밤 혼자 집에 있을 때, 무엇인가를 주문해서 나쁜 기분을 풀 수 있다. 아마도 여러분이 연인과 문제가 생기거나 (지난달에 빌려간 돈을 달라고 요청했을 경우처럼), 또는 침대에 그냥 누워 무료함을 느끼거나, 괜히 우울해질 때가 있다. 기분을 전환시킬 좋은 방법이 있으니 걱정하지 마라. 홈쇼핑 회사에 전화를 걸어서 반드시 필요하지는 않지만, 그냥 사고 싶은 물건들을 구입하라. 홈쇼핑 회사의 상담원은 부담스러울 만큼 상냥한 목소리로 여러분 전화를 받는다. 여러분은 상담원과 친절한 통화를 하면서 힘든 하루의 스트레스를 풀 수도 있다.

그 뿐만이 아니다. 그렇게 늦은 밤에 여러분과 상냥한 목소리로 대화를 나눌 사람이 어디 있겠는가?

물건이 배달된 뒤, 여러분이 그 상자들을 열어보지 않는다고 누가 간섭하겠는가? 주문한 채 사용하지도 않은 물건들이 어디로 사라지지 않고 창고나 벽장에 있다면 그것으로 충분하다. 나중에 기분이 좋아져서 물건을 확인하고 싶을 때 상자들을 열면 여러분은 마치 한 여름에 크리스마스 선물을 받는 기쁨을 느낄 수 있을 것이다.

홈쇼핑을 통해 상품을 주문하는 진정한 즐거움은 사실 해당 상품을 소유하는 것에서 오지 않는다. 즐거움은 주문 그 자체에서 생긴다. 주문을 한 뒤에는 기분이 전환되어 어린아이처럼 편히 잘 수 있다. (적어도 계산서를 받기 전까지는)

작은 일로 고민하지 마라.
하루에 10달러나
20달러는 큰돈이 아니다

맞는 말이다. 주중에 매일 스타 박스에서 서너 잔의 커피를 마셔라. 하루에 10달러나 15달러라면 어떠한가? 모두 합쳐봐야 얼마나 되겠는가? 기껏해야 일년에 5천 달러에서 7천 달러? 별로 큰 금액도 아니다.

여기저기서 조금씩 사용해 빠져나가는 몇 천 달러는 아무것도 아니다. 생각조차 하지 마라. 여러분은 몇 푼을 아끼려고 버둥거리는 사람이 아니다. 내가 계속 말하듯이 여러분은 자유로운 영혼이다. 어린 대학생이 한두 잔의 카페모카 값을 모아 하루하루가 달라진다면 그렇게 해야 한다. 하지만, 여러분은 그런 행동을 하지 말아야 한다!

여러분은 배포가 큰 사람이다. 째째하게 사소한 몇 푼에 목숨을 걸어서는 안된다. 사소한 돈 몇 푼에 목숨을 걸어보았자 인생 그 자체가 변하지 않는다. 인생은 기상천외한 발상에서 바뀌는 것이다. 여러분은 기상천외한 발상을 할 수 있는 충분한 재능을 갖고 있다.

명품을 선호하고
호사스런 취미를 지닌
연인을 찾아 결혼하라!

무슨 수를 쓰든지 외로움은 피해야 한다. 그러기 위해 여러분은 인생을 함께 할 사람이 필요하다. 이왕 돈을 펑펑 쓰는 마당에, 다른 사람에게 쓰는 것보다 함께 살면서 행복을 같이 할 사람에게 돈을 쓰는 것이 낫지 않겠는가? 여러분이나 자신을 위해서 재미를 만드는데 돈을 쓰는 사람이 있고 (여러분의 돈을 가지고), 또는 사치스러운 휴가를 가자고 꼬드기는 사람, 그리고 100달러짜리 계산서를 프링글스 감자칩인 양 건네는 사람들이 있다.

그러한 사람들과 놀러 다니지 마라. 차라리 그들 중에 하나와 결혼하라. 여러분의 짝은(예를 들어, 여자라고 하자.) 돈을 낭비하는 새롭고 즐거운 방법을 재빨리 찾아낼 것이다. 다시 말해, 이 보다 더 재미있는 일이 있겠는가? 그녀는 도박으로 돈을 잃는 방법을 찾아내고(이것은 우리가 아직 해본 적이 없다!), 여러분의 신용카드를 사용해 엄청나게 비싼 물건 구입에 사용하며, 식료품을 사라고 준 돈을 '잃어버리고', 집안의 재정을 파탄시킬 방법을 어렵지 않게 발견할 것이다.

저축을 하거나 제대로 돈을 써보지 못한 조심성 많은 여성과는 결혼할 생각조차 하지도 마라. 그런 여자들은 어리석고, 섹시하지도 않으며, 눈치 없이 흥을 깨는 사람이다. 대신에, 돈 쓰기를 좋아하고 놀 줄 아는 사람을 사귀며 그들이 여러분을 어디로 데리고 가는지 눈여겨 관찰하라.

힌트 : 그런 사람이 데려가는 장소에서 여러분은 밤새 즐거움을 느낄 것이라고 장담한다.

될 수 있는 대로
자주
이혼하라

이혼만큼 비용이 많이 드는 일도 없다. 배우자와 불화가 일어날 때마다 이혼하고 위자료로 재산의 반을 지불하라. 너무 번거롭고 재산의 반을 잃게 되어 신경이 쓰이는가? 아닐 것이다. 여러분은 외형을 중시하는 사람이 아니고 재산을 이리 저리 따져보는 사람도 아니다. 여러분은 비용에 상관없이 행복을 중요시하는 영적인 사람이다. 여러분은 불편한 삶을 살기보다는 차라리 재산의 반을 잃고, 위자료와 양육비를 지불하고, 집을 잃는 편이 낫다고 생각한다.

사실, 여러분은 이혼을 할 적당한 이유를 '찾아야' 한다. 유심히 찾아본다면 많은 이혼 사유가 있다. 요리를 할 때 냄비 안의 내용물을 계속 저어주어야 하듯이 이혼을 통해 여러분은 항상 변화하는 인생을 추구해야 한다. 그리고 이혼은 여러분의 생활에 변화를 주어 원기 있는 삶을 추구하도록 해준다. 여러분은 자기만족에 빠져서는 안 된다.

하지만, 이혼하게 되면 아주 유복한 남성이나 여성이라도 재정적으로 너무 큰 부담을 지게 되지 않는가? 어떤 대가를 치르더라도 독립성과 자존심을 되찾는 일이 중요하다. 화해하거나 그냥 참고 지내보면 어떨까? 화해와 인내는 패배자와 겁쟁이에게 걸맞은 행동이고 여러분에게는 어울리지 않는다. 여러분은 자유와 명예를 추구해야 한다. 이 과정에서 많은 돈을 지불해야 한다면 세속적인 재산에 연연하지 말고 아낌없이 지불해 정신적 행복을 찾아야 한다. 당장 많은 돈을 지불하더라도 여러분은 앞으로 큰 재산을 만들 기회가 얼마든지 있다.

게다가 이혼전문 변호사는 여러분이 생각한 것보다 훨씬 적은 수수료를 받고 이혼 업무를 대행해준다. 그들은 정말 하찮은 금액을 청구할 뿐이고, 대부분의 변호사는 수수료 금액에 신경을 쓰지 않고 여러분이 어려운 상황에서 빠져나오도록 돕고자 한다.

(특히 여러분이 얼굴에 주름살이 깊어지고 배가 나온 중년이 됐을 때

혼자 사는 즐거움을 제대로 고려하지 않았다. 앞서 말한 정신적 행복 외에도 이혼한 뒤 혼자 살면서 느끼는 재미는 훨씬 크다!)

무엇인가를 **기록하려** 들지 마라

여러분은 기록이 필요 없다! 기록은 도서관 사서나 회계사, 한구석에 처박혀 연구에 몰두하는 사람들이 할 일이다. 하여간, 여러분은 재정이나 은퇴계획을 세울 생각이 없는데 기록이 무엇에 필요한가?

다음처럼 생각해 보자. 기분도 좋고 몸도 편안한 저녁이라고 하자. 여러분은 아파트 현관에 나가 시원한 맥주 한 잔을 마시며 저녁시간을 만끽할 수도 있고, 평소 좋아하는 드라마를 보며 느긋이 보낼 수도 있다. 또는 친구에게 전화를 걸어 지난 밤 연인과 나누었던 데이트에 관해 대화를 나눌 수 있다. 반대로 낡은 파일 상자 옆에서 은행이나 주식중개인이 보낸 서류를 검토하고 작성하며 골치 아프게 저녁시간을 보낼 수도 있다.

어떤 저녁시간이 더 재미있어 보이는가? 국세청이 여러분에게 지난 5년간 소득에 관련된 기록을 요청했을 때 고민하지 마라. 여러분은 문서나 작성하고 있는 서기가 아니며 소득을 숨기기 위해 불법적으로 기록을 조작하거나 작성하지 않았다고 국세청에 통보하라. 국세청도 여러분의 말을 이해할 것이다.

게다가, 거래하는 주식중개인이 실수를 저질렀는데 그의 잘못을 입증할 자료가 여러분에게 없다고 하자. 어떻게 해야 하나? 국세청은 자료를 제출하지 않아도 여러분의 말을 믿고 잘못을 시정해 줄 것이다. 무엇인가 기록을 남길 시간이 있다면 차라리 느긋이 맥주나 마시며 한가히 저녁시간을 만끽하라. 곧 세금납부 시기가 되었다는 사실조차 기억하지 못하게 된다. 아 참, 여러 번 말했듯이 여러분은 세금을 낼 필요가 없으므로 무슨 기록이 필요하겠는가?

인생은 좋은 것이다!

행운의 여신을 기다리며
도박을 하자

굳이 설명하지 않아도 될 듯하지만, 혹시나 하는 마음에 몇 자 덧붙이겠다. 여러분은 도박을 하지 말라는 무시무시한 경고를 흔히 접할 수 있다. 어리석은 충고일 뿐이다. 카지노나 경마장을 방문해 돈을 걸고 행운의 여신이 찾아오기를 기다리는 일이 얼마나 재미있는지 한 번 생각해 보라.

카지노와 경마장은 매혹적인 장소이다. 항상 미남과 미녀들로 넘치며 좋은 레스토랑과 곳곳에 마련된 간이음식점, 그리고 한잔 걸칠 수 있는 좋은 바도 있다. 그렇지만 무엇보다도 행운이 여러분을 찾아오기를 기다리면서 흥분을 느낄 수 있다. 또한 대박을 터뜨릴 기회를 제공하면 여러분에게 확실히 대박이 찾아오리라 의심치 않는다. 카지노에서 룰렛을 돌리다 적중하면 배팅한 금액의 36배를 돌려준다. 카지노나 경마장에서 대박을 꿈꾸는 일이 40년 동안 죽어라 일하는 것보다 가망성이 훨씬 높지 않은가!

경마장은 어떠한가? 퍼펙타(perfecta : 경마에서 1 ,2등으로 들어오는 경주마를 순서대로 맞추는 배팅-역주)와 트라이펙타(trifecta : 1,2,3등을 순서대로 맞추는 배팅-역주)를 들어본 적이 있는가? 이런 배팅이 성공했을 때 배당률이 어떤지 생각해본 적이 있는가? 배당률은 상상을 초월해 1,000배가 되는 경우도 있다. 5달러만 배팅하면 집 한 채를 살 돈을 그 자리에서 벌 수 있다. 어리석게도 집을 구입하려고 고집한다면…….

이런 기쁨을 뒤로하고 살 필요가 있겠는가? 커피 한 잔 값으로 경마 한 게임이나 블랙잭에 배팅하고 로또 복권에 투자해 인생을 역전시킬 수 있는 기회인 도박을 마다할 이유가 무엇인가? 단지 푼돈으로 환상적인 인생을 살 수 있는데 무엇 때문에 이 기회를 외면하는가?

스포츠 도박도 빼놓으면 안 된다. 카지노나 경마 못지않게 짜릿하다! 물론 여러분이 내기를 건 팀이 터치다운에 실패해 1만 달러를 날린다면 피가 거꾸로 솟을 만큼 화가 난다. 하지만,

이겼을 경우를 상상해 보라! 배당금을 생각하면 아드레날린이 몸에서 솟구치지 않는가! 그런데도 스포츠 도박을 자주 하지 않는 이유가 무엇인가? 일요일에 멍청히 축구 경기만 보지 말고, 그날 경기를 하는 서너 개 팀에 내기를 걸고 경기를 시청하면 더욱 짜릿함을 느끼지 않겠는가? 내 말은 내기를 걸지 않고 축구 경기를 시청하는 일은 인생의 패배자나 할 일이라는 뜻이다. 배팅을 한 팀이 경기에서 이겨 배당금을 찾을 때 여러분의 인생에서 화창한 봄날은 시작된다.

따라서 주저하지 말고 도박을 하자. 도박에 목숨을 걸고 인생의 짜릿함을 즐기자. 도박을 통해 재미를 보는 것 외에도 남을 도울 수 있다는 사실을 명심하자. 아마 알고 있겠지만, 도박 산업은 미국에서 눈부시게 성장하는 몇 안 되는 비즈니스 가운데 하나이다. 미국 인디언은 도박 산업으로 생계를 이어나간다. 도박이 없었다면 라스베이거스나 애틀랜틱시티와 같은 도시는 정체에서 벗어나지 못하고 발전할 수 없었을 것이다.

따라서 스스로 즐거움도 느끼며 인디언 아이가 학교에 다니도록 장학금도 제공하는 도박을 피하지 말자. 여러분은 도박을 하면서 사막 한가운데 멋진 건물을 짓고 딜러, 쇼걸, 매춘부 등 다양한 일자리를 창출하는데 커다란 기여를 하고 있다. 어쩌다가 카지노에서 빚을 지게 되면 슬쩍 야반도주하면 된다!

배우자나 자식에게
무엇인가를 해주기 위해
신경 쓰지 마라

자식에게 무엇인가를 남겨주려는 이유가 무엇인가? 자식들이 여러분에게 해준 일이 있기는 한가? 항상 애들은 여러분에게 요구만 하지 않는가? 배우자나 자식은 목에 걸린 가시처럼 껄끄럽지 않은가? 왜 그들에게 책임감을 느끼는가? 자수성가한 애이브러험 링컨(Abraham Lincoln)이나 앤드류 카네기(Andrew Carnegie)처럼 자식들이 여러분에게 의지하지 않고 스스로 돈을 벌어 앞가림을 한다면 훨씬 행복해지지 않겠는가?

여러분은 언젠가 죽는다고 가정하고, 자식이나 배우자를 위해 희생하려고 애쓰지 말고 자신을 위해 행복하게 살아라. 무슨 말인가? 여러분은 언젠가 죽게 마련이다. 가족을 위해 여행을 떠나고, 새로운 보트를 구입하며, 불의의 사고에 대비해 보험에 가입해야 하는 이유가 무엇인가? 여러분은 자신만을 위해서 살아야 한다. 여러분이 죽으면 세상에 남아 있는 모든 것은 아무 소용없다. 여러분이 아무것도 남기지 않고 죽었을 때 사랑하는 배우자와 자식은 허리띠를 졸라매고 저축하며 살아가야 한다는 사실이 걱정되는가?

그래서 아이들의 대학 등록금과 가족의 집세를 마저 붓도록 저축예금에 가입해야 하는가? 결코 그럴 필요가 없다. 아이들은 장학금을 받아 대학에 갈 것이다. 장학금을 받을 정도로 머리가 좋지 않다면 학자금 대출제도가 있고, 아르바이트를 해서 학비를 충당하면 된다. 그것도 안 되면 대학에 가지 않으면 된다. 고등학교 때부터 수업이 끝난 후 아르바이트를 해서 대학 갈 등록금을 미리 모으기 시작해도 좋다. 배우자와 아이들을 부양할 돈으로 여러분은 충분히 즐거운 삶을 살 수 있는데 굳이 그들에게 책임감을 느낄 필요가 있겠는가?

따라서 여러분은 자신이 원하고 필요한 것만 생각하며 자신의 인생에 열중하고 결과가 어찌 되든지 상관하지 마라.

시중에 나와 있는
수많은 성공처세술 책에
눈길도 주지 마라

서점에는 그 책만 읽으면 당장이라도 성공할 것 같은 수많은 처세술 책이 나와 있다. 그렇게 많은 책이 나와 있다는 이야기는 그런 류의 책이 잘 팔린다는 것을 뜻한다. 아마 여러분도 그런 책들 중 한두 권은 읽었거나 지금 여러분 서재의 책꽂이 어느 구석에 꽂혀 있을지도 모른다.

그러나 그런 책을 읽은 사람이 모두가 성공한다면 지금 길거리에는 성공한 사람들로, 혹은 돈을 많이 번 사람들로 넘쳐날 것이다. 하지만, 눈을 씻고 봐도 성공한 사람은 가물에 콩 나기 정도이다. 그런 감언이설에 끌려 다니지 마라.

여러분은 노력하는 인간형이 아니다. 그런데 그 책들은 천편일률적으로 여러분을 고단하게 만든다. 좋은 습관을 만들어야 하고, 다른 사람들을 관찰해야 하고, 그들과 경쟁할 수 있도록 여러분이 실력을 배양하도록 부추긴다. 그런 시간이 있다면 여러분이 좋아하는 영화 한 편이나, 분위기 좋은 카페에서 마음 맞는 친구들과 즐기는 것이 더 좋다.

여러분은 현명한 사람이고, 천재적인 소질이 있는 사람이다. 누가 권한다고 하고, 권하지 않는다고 안할 것인가? 여러분이 가진 시간을 최대로 즐겨라.

책을 읽는 것은 샌님들이나 하는 것이지, 활동력이 있는 여러분이 할 일은 못 된다.

은퇴를 생각하지 마라. **은퇴는** 아주 먼 훗날의 일이다

여러분이 반드시 기억할 필요가 있는 진실로서, 여러분은 아직 젊고 나이에 상관없이 여전히 활기에 넘쳐 있다는 것이다. 여러분의 나이가 스물, 마흔, 또는 예순일지도 모르지만, 아직 은퇴까지는 많은 시간이 남아있다. 사실, 너무 멀리 있어 제대로 바라보기조차 힘들다. 게다가 여러분은 결코 은퇴를 미리 바라볼 필요조차 없다! 시간이 매우 느리게 흐르고 젊음(실제로 젊든지, 아니면 상대적으로 젊게 살든지 간에)은 영원히 지속된다. 아울러 의학 발달로 나이가 100살이 되어도 자전거로 하루에 30킬로미터를 넘게 달리고, 테니스를 다섯 게임이나 치게 될 날이 온다.

그러니 나이 들고 은퇴했을 때 무엇을 먹고살아야 할지에 대해 걱정할 필요가 있겠는가? 여러분이 은퇴를 걱정해야 될 날은 아마 영원히 오지 않을 것이다. 만약 그런 날이 찾아오더라도 여러분은 준비가 완벽하게 되어 있다. 어떻게? 한 가지 예를 들면, 정부가 여러분을 보살피거나 친척 또는 친구가 여러분에게 노후자금을 줄 것이다. 아니면 여러분이 65세가 되었을 때 투자나 저축을 전혀 하지 않았더라도 지금은 정확히 어디라고 말하지는 못하겠지만, 하여간 어느 곳에서든지 돈이 나오지 않겠는가?

누군가 여러분을 책임지고 있다고 앞에서 내가 한 말을 기억하고 있는가? 이 말은 사실이다! 따라서 은퇴를 걱정할 필요가 하나도 없다.

간단히 요약해 보자. 첫째, 여러분은 늙지 않는다. 둘째, 은퇴를 걱정하지 않아도 된다. 그리고 셋째, 항상 누군가 여러분을 보살핀다. 은퇴를 생각하면 지루하기 그지없다. 또 하나, 돈이 없어도 나이 드는 일은 재미있다. 이전에 해보지 못했던 새로운 경험을 할 기회가 생기기 때문이다. 즉, 이전에 겪어 보지 못한 가난처럼 새로운 모험과 미지의 세계가 있다.

은퇴라고? 하품만 나온다. 때가 되면 어떻게 되지 않겠나?

$$$

이제 방향을 좀 바꿔보자. 여러분은 저축을 전혀 하지 말고, 미래를 걱정해서는 안 된다는 점에 대해 내가 어떻게 말했는지를 기억하는가? 결국 저축과 미래를 걱정하다 보면 얼굴에 주름살만 는다.

하지만, 누군가 여러분에게 돈에 대해 걱정해야 한다고 충고한다면? 어떤 멍청이 때문에 여러분이 주식이나 채권 또는 퇴직연금에 투자를 해야 한다고 생각한다면? 그럴 가능성이 높다. 세상에는 남 말하기 좋아하는 사람들이 많으니까!

만약, 여러분이 정말로 은퇴를 대비해 투자를 고려하기 시작한다면 나는 몇 마디 충고를 해야겠다. 정말로 중요한 말이다. 귀 기울여 듣도록…….

운에 의지하고 **패션감각이 뛰어나며** 언변이 좋은 주식중개인을 선택하라

바로 이런 기준으로 주식중개인을 선정하라! 투자분야에서 뛰어난 성과를 거둔 것도, 돈을 많이 번 것도 아니라면 주식중개인이 어떻게 좋은 양복과 명품 와이셔츠를 구입하기 위한 돈을 구했을까? 또한 금융 분야에 대해 깊은 지식도 없이 어떻게 한두 푼도 아닌 비싼 명품 넥타이를 항상 매고 다닐 수 있을까? 여러분은 외모가 출중한 주식 중개인이 그저 평범하게 생긴 중개인보다 항상 좋은 성과를 거두고 똑똑하다고 생각하지 않는가? 만일 여러분이 매우 매력적인 외모와 훌륭한 옷차림을 한 주식중개인을 발견할 수 있다면 그는 의심할

여지없이 평범하기 그지없는 멍청한 중개인보다 주식에 관해 많은 지식을 보유했을 것이다.

좀 더 분명히 설명하면, 여러분의 주식중개인이 말쑥하게 차려입은 미남이라면 분명히 그는 자신뿐만 아니라 고객을 위해 많은 돈을 벌어다 준다. 다시 말해, 그는 여러분을 위해 많은 돈을 벌어줄 뿐만 아니라, 승마나 요트 클럽처럼 호사스런 취미활동 속에서 그를 발견할 수 있다는 의미이다.

금융은 까다롭고 복잡한 분야이므로 여러분에게는 어려운 투자업무를 대신해줄 사람이 필요하다. 여러분이 거래해야 할 주식중개인은 정크본드(junk bond)나 너무 어려워 이해하기조차 힘든 투자 상품에 여러분의 자금을 투자해 커다란 수익을 가져다 줄 능력이 있는 사람이어야 한다.

여기서 여러분은 지금 거래하고 있는 중개인(또는 앞으로 거래할 중개인)에게 학력이 어떻게 되고 어떤 학교를 졸업했느냐고 물어보는 실수를 절대로 범해서는 안 된다. 마찬가지로, 그 중개인과 거래해 만족할 만한 투자실적을 거둔 고객이 있으면 한 명만 소개해 달라는, 무례하고 눈치 없는 요청을 해서도 안 된다. 여러분이 살펴야 할 사항은 오로지 주식중개인이 아르마니 양복을 입고, 롤렉스시계를 차고 있으며, 구찌(Gucci) 구두를 신었는지의 여부이고, 그런 중개인을 선택했다면 여러분은 어렵게 번 돈을 맡겨 높은 수익을 거둘 것이라고 안심할 수 있다.

한편, 여러분은 주식중개인을 선택할 때 샌님이나 학자 같은 중개인을 선택해서는 안 된다. 그들은 명문학교 출신이거나 분석에서는 뛰어날지 모르지만, 임기응변이 떨어지고, 경쟁이 치열한 주식시장에서 내려오는 비법(과학적이라고 생각되지는 않지만, 신통하게 효력을 발휘하는)을 활용해 약삭빠른 투자를 제대로 하지 못해 정작 '실제 투자'에서는 전혀 힘을 쓰지 못한다.

아울러 나이가 들어 보이고 세상풍파를 많이 겪은 듯 보이며 성격이 원만해 보이지 않는 중개인을 선택해서도 안 된다. 물론 여가시간에 마티니를 마시며 친구들과 대화를 나누거나 카지노에서 룰렛게임을 하지 않고 바둑이나 장기를 즐겨두는 중개인도 안 된다. 기본적으로, 남성 패션잡지에 나오는 모델 같은 사람, 즉 워렌 버펫(Warren Buffett) 같은 스타일이 아니라 007에서 제임스 본드 역으로 나오는 피어스 브로스넌(Pierce Brosnan) 같은 스타일의 중개인을 선택해야 한다.

'공개' 금융 강좌에 참석해 여기서 들은 조언을 그대로 실천하라

공개 금융 강좌에 대해 한 번 알아보자. 무료로 금융 강좌를 개최하는 사람의 말을 신뢰할 수 있을까? 무료로 재정설계 방안이나 투자전략을 설명하는 강사가 청중에게 진지하고 유용한 충고나 조언을 하겠느냐는 의문이 든다. 그러나 걱정하지 않아도 된다. 무료로 시행하는 공개강좌라도 매우 엄격한 정부규제(있기나 한지 모르겠지만)를 준수해야 하고, 엄격한 경력, 학력, 윤리와 법적 기준을 충족시키지 못하는 강사는 금융에 관해 공개적으로 조언할 수 없다는 제한조치가 있다.

따라서 공개강좌에 참여한 여러분은 강사들이 말하는 모든 조언에 대해 전폭적인 신뢰를 보내야 한다. 공개강좌에서 강사들은 엄청난 수익을 '보장'하는 '시스템' 또는 '프로그램'을 보유하고 있으며, 자신들의 주장이 사실이 아니라면 공정거래위원회(FTC)가 이런 공개강좌를 열도록 가만 놔두지 않았을 것이라며 청중을 설득한다.

나는 공정거래위원회에서 변호사로 일했기 때문에 그들의 주장이 사실이라고 확신한다. 공정거래위원회는 많은 정부요원을 동원해 모든 종류의 신용사기를 샅샅이 조사하고 파악해 사기성이 있다면 즉시 금지조치를 내리고 해당 금융기업을 폐쇄하는 조치를 내린다.

증권거래위원회(SEC)에서도 비슷한 일이 일어난다. 최대한 이익을 추구하는 주식거래를 하면서 여러분이 연방정부 기관을 신뢰하지 못한다면 나는 그저 여러분이 가엾기만 할 뿐이다. [엔론(Enron)이나 글로벌 크로싱(Global Crossing)과 같은 기업이 어떤 손실을 입히기 전에 그들의 회계부정을 발견한 당사자가 바로 연방정부 기관이다. 그렇듯 여러분은 안심해도 된다.]

앞에서 살펴봤듯이 여러분은 무료로 개최되는 공개 금융 강좌에 참석해도 아무 문제가 없다. 주최자는 좋은 사람들이고 여러분이 부자가 되기를 원한다. 강좌에 참여해 좋은 정보를 얻고 빨리 부자가 되자. 다음 번 축제, 아니 내 말은 세미나에서

지난 번 조언 때문에 많은 돈을 벌어서 고맙다고 강연자와 함
께 축배를 들 수도 있지 않겠는가!

늦은 밤에 **투자성공 사례를** 방영하는 인포머셜을 반드시 시청하라

불면증이 있는가? 아니면 여러분이 야간조로 편성되어 밤에 일하거나 새벽 3시 이전에 거의 잠자리에 들지 않는 생활을 하고 있다면 세상이 어떻게 돌아가는지 알 수 있는 좋은 기회를 소개하겠다. 이탈리아에서 전해오는 속담 중에 이 상황에 어울리는, '돈은 밤에 만들어진다.' 는 말이 있다. 이 말은 때때로 어둠이 내려 사람들이 무슨 일이 일어나는지 알 수 없는 밤에 불법적인 방법으로 돈을 번다는 의미이다.

하지만, 이 속담은 오늘날 다른 의미를 내포하고 있다. 요즘은 자정이 넘는 시간까지 기다려 돈을 버는 방법에 관해 알려주는 인포머셜[Infomercial : Information (정보)과 Commercial(광고)의 합성어로 정보 광고방송을 뜻한다. 제품이나 서비스 광고를 광고가 아닌 정식 프로그램처럼 제공하는 방송광고 프로그램이다-역주]을 시청하는 사람이 진정한 부를 달성할 수 있다. 그런데 인포머셜과 같은 프로그램은 왜 그리 늦은 시간에 방송될까? 그 이유를 모른다면 여러분은 생각이 모자라는 사람이다! 인포머셜이 대낮에 방송된다면 세상 모든 사람들이 시청해 많은 돈을 버는 비법을 알아차려 큰 돈을 벌 수 있기 때문이다. 예를 들어, 파산에 빠진 사람들이 내놓은 좋은 주택이나 고색창연한 저택을 싼 가격에 경매로 내놓았다고 하자. 누구나 텔레비전을 시청하는 오후 6시에 이 경매가 방송된다면 순식간에 팔려나가 좀처럼 기회를 잡기 힘들 것이다.

따라서 이 경우 늦게 자는 새가 벌레를 잡게 된다. 늦게까지 잠을 자지 않는 사람은 금융세계에서 정말로 중요한 정보를 파악해 남들이 태평스럽게 잠에 빠져있는 동안 큰 돈을 벌 수 있다.

하지만, 늦은 밤에 인포머셜과 같은 프로그램을 시청하다보면 출연자들이 요트나 경주마를 취득한 방법이 조금은 분명치 않다는 느낌이 든다. 이것도 모두 의도된 행동이다. 다시 말해, 늦은 밤까지 기다린 시청자에게 정보를 제공하더라도, 프로그램을 보면서 비법을 알아챌 안목이 있는 영리한 사람에게만 유용하도록 제작되었기 때문이다.

비법을 제대로 파악할 능력이 없는 멍청한 사람은 아무리 프로그램을 봐도 달라지지 않는다. 조금이라도 안목을 갖춘 사람만이 부자가 되는 가장 유용한 방법을 알고 있다. 즉, 애써 잠을 청하지 말고 '부를 창출하는' 프로그램에 주의를 기울여라. 그러면 행복해진다.

경제신문이나 텔레비전에 나오는 전문가가 **주식시장을 예측하면** 무조건 믿어라

텔레비전에 출연하기란 쉽지 않다. 간단히 말해, 어떤 사람이 텔레비전에 나와 주식시장에 대해 의견을 말하려면 엄격한 정부의 규제와 방송국의 검토과정을 거쳐 그 사람의 예측이 어느 정도 정확하고 믿을 만하다고 인정받아야 한다. 텔레비전 프로그램은 출연자가 시장에 관해 한 말을 예의 주시해 실제 시장 상황과 맞아떨어지는지 비교한다. 나중에 그 사람이 말한 예측의 정확성을 정교한 컴퓨터를 사용해 복잡한 도표와 그래프로 분석하는 방송을 내보내므로 엉성한 분석은 설 자리가 없다.

이처럼 엄격한 심의과정을 통과하지 못한 사람은 즉시 방송에서 퇴출당한다. 예를 들어, 어떤 주식분석가가 방송에서 기술주를 매입하면 2000년 3월에 높은 수익률을 달성할 수 있다고 주장했다고 하자. 그런데 거품이 빠지면서 기술주의 주가가 폭락했다. 이럴 경우 이 사람은 모든 공중파, 케이블 TV의 프로그램에서 즉각 출연을 금지 당한다.

방송사는 평판을 매우 중요시한다. 출연하는 '전문가'가 지속적으로 올바른 견해를 제공하도록 엄격히 심사해야만 평판을 유지할 수 있기 때문이다.

따라서 전문가가 텔레비전 프로그램에 나와 주식시장에 관한 언급을 하면 무조건 믿고 따라야 한다. 전문가가 말하는 내용의 핵심을 주의 깊게 파악해 그에 따라 투자를 하면 엄청난 수익을 거둘 수 있다는 사실에 이의를 제기하지 말자.

경제관련 출판물도 방송과 마찬가지이다.《포춘(Fortune)》이나《비즈니스 위크(Business Week)》또는《파이낸셜 타임즈(Financial Times)》와 같은 잡지와 신문도 엄격한 심사과정을 거쳐 경제예측이나 평론을 의뢰할 사람을 선정한다. 따라서 과거에 실수를 한 적이 없는지 치밀하게 조사하고 예측이 빗나간 사람은 영원히 전문가 대상에서 제외한다. 예를 들어, 어떤 사람이 다우존스지수가 12,000일 때 주가지수가 적절히 평가되었다고 주장하며 향후 주가가 더 올라간다고 예측했다고 하자. 그 후, 주가지수는 7,500까지 하락함으로써 그 사람의 칼럼은 신문에서 사라지고, 그 사람에 대해서는 더 이상 어떤 예측이나 평론기사도 신문에 낼 수 없도록 조치를 취한다. 또한 다른 전문가가 나스닥(NASDAQ)이 80% 정도 하락했을 때 주식시장에서 투자금을 회수해 부동산에 투자하라고 조언했다면 신문사는 그 사람에게 더 이상 '지혜'를 제공해 달라는 요청을 하지 않는다.

따라서 이렇게 엄격한 심사과정을 거치는 과정이 있다는 사실을 알았으므로 여러분은 신문이나 텔레비전이 제공하는 투자 조언과 정보를 의심하지 말고 따르기만 하면 된다. '전문가'는 자신의 조언이 얼마나 믿을만해야 하는지 잘 알고 있다. 그렇지 않다면 어떻게 유명한 방송과 신문에 출연하고 평론을 쓸 수 있겠는가?

그렇다! 방송과 신문에 등장하는 전문가들은 정말 믿을 만한 사람들이다.

분산투자를 주장하는 금융전문가를 믿지 마라. **주식시장은 가장 좋은** (그리고 유일한) 투자처다!

여러분, 장기적으로 보면 주식시장이 언제나 상승했다는 사실을 아는가? 내 말은, 다우존스지수는 1933년 40에서 이 책을 쓰고 있는 2003년 9,600까지 상승했다. 주가지수 그래프를 확인하면 금방 알 수 있다. 여기에 배당금까지 고려한다면 상승률은 더욱 높아진다. 주가가 크게 떨어졌던 대공황기에 수천 달러를 투자했다면 지금 수백만 달러가 넘는 수익을 달성했다는 의미이다. 장기적으로 주식에 투자하는 현명한 투자자는 반드시 부자가 된다는 의미이다. 따라서 주식에 투자하고 돈이 생길 때마다 추가로 주식을 매입하라. 어떤 일이 생기든 간에 다른 투자처를 생각해 분산투자를 할 생각은 하지도 마라.

배런스(Barron's)에 투자평론을 쓰는 앨런 애벌슨(Alan Abelson)처럼 속 좁고 심술 많은 사람들은 주식시장이 폭락했던 시기가 많다고 여러분에게 경고할지도 모른다. 심지어 2차대전이 끝난 이후 수십 년 동안 주가가 상승하지 않았던 시기를 언급할 수도 있다.

'그 말을 믿지 마라!' 1987년도 주가 폭락을 기억에서 지워버려라. 1973년과 74년에 일어난, 재앙에 가까운 주식시장 붕괴도 잊어버려라. 대공황이 일어난 1929년에서 25년이 흐른 후 주가수준이 1929년과 같았고, 인플레이션을 고려하면 대공황 이후 50년이 지난 후에 주가수준이 다시 1929년 수준으로 되돌아갔다는 사실에도 주의를 기울이지 말자. 아울러 몇 년 전에 나스닥이 2차대전 이후 가장 심각한 수준으로 폭락했다는 사실도 중요치 않다.

이런 무시무시한 이야기를 여러분에게 해주는 사람은 파티에서 흥을 깨는, 눈치 없는 얼간이들에 불과하다. 그들의 말에 조금도 귀를 기울이지 말자. 때때로 주가가 폭락하는 시기가 있지만, 이는 발전, 번영, 주식시장의 호황이라는 거대한 물결 중에 가끔씩 발생하는 조그만 파도나 역류에 불과하다.

주식시장이 한창 달아오를 때 투자한 돈을 빼내 다른 곳에 사용할 생각은 꿈에도 하지 말아야 한다. 걱정 말고 계속 투자를 늘려가라! 주식시장이 폭락해도 여러분에게는 아무 일도 없을 것이다. 그리고 은퇴하거나 응급실에 실려가 현금이 급히 필요한 경우에도 주식시장에 투자한 돈은 사용하지 마라. 주가가 폭락해 투자금이 줄어들면 시장이 회복될 때까지 무작정 기다릴 수 있어야 한다!

앨런 애벌슨처럼 심술궂은 구두쇠가 여러분에게 계속 경고를 하더라도 무시해 버린다면 여러분의 재산은 늘어만 갈 것이다. 내가 사랑하는 여러분! 주식시장에서 다른 사람의 경험은 별로 중요치 않다. 계속 주식에 투자를 한다면 만사형통이다.

주식시장에 관한 지식이 별로 없어도 주식으로 **성공할 수 있다는** 확신을 가져라

여러분은 주식시장에 대해 무엇을 알고 있는가? 공부를 많이 한 샌님이나 공부벌레는 주식시장에 관해 많은 지식을 보유한다. 일부 펀드 매니저는 주식시장에 관해 수십 년에 걸친 경험을 갖고 있다. 워렌 버펫과 같은 투자의 귀재는 풍부한 지식과 경험을 모두 갖고 있다. 하지만, 여러분은 운과 느낌에 의존하는 타고난 도박사이므로 지식이나 경험 따위는 필요 없다.

여러분은 아침에 잠에서 깨어 침대에서 나오면서 오늘 주식시장이 어느 방향으로 진행할지 직감적으로 알 수 있다. 그날의 주식시장을 예측하기 위해 복잡한 컴퓨터에서 돌아 나온 결과를, 여러분은 그냥 육감만으로 예측할 수 있다. 여러분은 시스템이나 늦은 밤까지 책과 씨름하며 얻은 조언, 정보가 필요 없다. 여러분은 그저 동전만 던져 그날의 주식시장을 예측할 수 있다. 이를 직관, 운, 또는 좀 더 올바르게 천재성이라고 부르자. 여러분은 막연히 느끼는 기분만으로도 주식시장을 예측할 수 있다.

그러면 개별 주식은 어떻게 예측할까? 여러분은 특정 기업의 사업보고서나 공시를 읽지 않아도 되고, 기업동향이나 산업분석에 대해 세세히 알 필요도 없다. 또한 재무제표를 분석할 회계지식도 필요 없다. 경제학? 마케팅? 경기순환과 산업에 대한 분석? 다 의미가 없다! 단지 기업의 이름만 떠올려도 그 기업의 주식이 하락할지 상승할지 알 수 있다. 마치 경마장에서 배팅할 말을 고르는 방식과 같다. 곰팡내 나는 도서관에서 책과 씨름하거나 다루기 힘든 컴퓨터로 기업을 분석하지 마라. 순수한 직관력에 의존해 그날 머릿속에 떠오르는 기업의 주식에 돈을 투자하면 된다.

주식시장은 분명히 이처럼 움직이기 때문에 여러분의 방식이 최선이다. 얼간이와 진부한 공부벌레들이 표와 그래프를 분석하고 있는 동안 여러분은 수백만 달러를 벌 수 있다. 여러분

에게 행운이 연속해서 찾아오며, 여러분의 직관과 판단이 틀린

적은 없기 때문이다. 행운과 직관만으로도 충분하다.

"주식시장의 평균 수익은 여러분에게 충분치 않다!"는 말을 기억하라

시장을 앞지를 정도로 '우수한 실적'을 거두는 펀드 매니저는 극소수에 불과하다는 말은 사실이다. 즉, 시장의 평균보다 높은 수익률을 달성하기가 그만큼 어렵다. 사실, 많은 학술적 연구는 이 말이 사실임을 증명했다. 나는 여기서 더 나아가, 위대한 투자의 귀재도 오랜 기간동안 시장을 '앞지르는' 수익률을 달성할 수 없다고 말하려 한다. 하지만, '여러분'은 시장평균보다 높은 수익률을 달성할 수 있고, 달성할 수밖에 없다. 단지 뼛속 깊이 박혀있는 직관에 의지해 투자하면 된다!

주식시장의 전반적인 추세를 따라서 '평균' 수익을 달성하는데 만족해야 할 이유가 무엇인가? 여러분은 인생의 모든 측면에서 평균보다 훨씬 뛰어나다.(적어도 여러분은 그렇게 생각한다.) 따라서 펀드매니저가 주식시장에서 모든 대형주를 매입해 포토폴리오를 구성해 운용하는 지수펀드(index fund)에 투자한 후 한 발 물러나 그냥 주식동향을 지켜보면서 평균수익에 만족해야 할 이유가 무엇인가?

이것은 너무나 수동적이며 게으른 투자행태이다. 여러분은 절대로 그래서는 안 된다. 여러분은 도전과 모험을 즐기는 사람이다. 물론, 피델러티 마젤란(Fidelity Magellan)과 같은 지수펀드나 대규모(아주 규모가 큰) 뮤추얼 펀드는 시장에서 특정 기간 중 80%에 해당하는 기간동안 일반 투자가의 평균수익률을 앞서는 실적을 달성한다. 그래, 그것은 인정하지만, 여러분과 무슨 상관이 있는가?

여러분은 결코 안이하며 되도록 모든 위험을 피하려는 투자전략을 택해서는 안 된다. '시장을 앞서가는' 모든 전략과 전술을 과감히 시도하도록 정신을 가다듬어라. 여러분은 세상과 시장을 앞서가는 천재이다. 여러분에게는 세상의 소심한 투자가와는 달리 영리한 투자전략이 있다.

앞서 소개한 전략 이외에도 무수히 많다……

유명 증권사의 아둔한 주식중개인에게 **여러분의 소중한 시간을** 낭비하지 마라

메릴 린치(Merill Lynches), 스미스 바니(Smith Barneys)와 푸르덴셜(Prudential)과 같은 대형 증권사는 모두 구시대의 유물일 뿐이다. 여러분은 덩치만 큰 증권사 사이에서 눈부시게 활약하는 소규모 증권사가 필요하다. 여러분은 교활하고 머리회전이 빠르며 여러분을 부자로 만들면서 자신의 잇속도 챙기는 주식중개인이 필요하다. 즉, 여러분에게 직접 이메일, 팩스, 또는 전화를 걸어와 거래를 권유하는 중개인이 그런 사람이다. 이 같은 중개인은 아직 부자는 아니지만, 그 목적을 달성하기 위해 노력 중이므로 여러분에게 많은 돈을 벌어다

주고자 한다. 여러분은 이 주식중개인을 친구에게 소개하고, 또 이 중개인은 다른 중개인을 소개해 줘 모두가 부자가 될 것이다.

뜬금없이 전화를 걸어오고 스팸메일을 보내오는 주식중개인을 믿지 말라며 여러분에게 부정적인 의견을 전달하는 사람이 있다. 하지만, 누가 그들의 평판을 입증할 수 있겠는가? 친애하는 여러분, 바로 이것이 핵심이다. 그들은 주요 증권사가 관심을 두지 않는 패배자처럼 보이지만, 대형 증권사가 거들먹거리며 굼뜨게 행동하고 있을 때(두 시간 동안 마티니를 마시며 점심을 먹고 있는 동안) 빠르게 움직여 수익성 높은 투자기회를 파악할 수 있는, 재빠른 중개인들이다.

따라서 이름 없고 하찮은 주식중개인을 신뢰하고 그들에게 투자를 맡겨 여러분의 재산이 쑥쑥 늘어나는 모습을 지켜보라. 그런데 증권거래위원회(SEC)라는 말을 들어본 적이 있는가? 몇 페이지 앞에서 내가 언급했으므로 아직 잊지 않았으리라고 생각한다. 이미 말했듯이, 증권거래위원회는 감시의 눈초리를 번뜩이며 팩스나 인터넷으로 보내지는 모든 증권거래, 광고의 불법성 여부를 감시하고 있다. 다시 말하지만, 여러분을 위해 일하는 정부를 믿지 못한다면 도대체 누구를 신뢰할 수 있겠는가?

재빠르게 움직여라!
탈의실에서 듣는 주식투자
정보는 정말로 중요하다

우리 주변에는 풍부한 지식을 바탕으로 주식 종목을 추천해 주는 사람이 있기 마련이다. 그렇지 않은가? 우리가 주위의 귀띔에 따라 행동하지 않고 이런 소문이 퍼지도록 노력하지 않는다면 어떻게 우리와 거래하는 소규모 증권중개인이 성공할 기회를 포착할 수 있겠는가? 우리는 치밀하게 기업과 시장을 분석하지 않는다. 우리는 골프장에서 고급정보를 접할 기회가 없다. 그러면 어떻게 하나? 걱정하지 마라. 우리에게는 소문을 듣고 여기저기 퍼뜨리는 친구들이 있다. 가끔 운이 정말로 좋다면 이런 소문을 우연치 않게 엿들을 기회가 생겨 일확천금을 벌 수도 있다.

친구들이 전하는 소문의 원천이 무엇인지 꼬치꼬치 캐묻지 마라. 큰 돈을 벌 수 있는, 다른 ‘따끈따끈한 정보’가 있는지 캐물어 그나마 받던 정보도 못 받는 우를 범하지 마라. 그리고 어떤 사람이 떠도는 정보에 따라 투자해서 수익을 봤다고 해도, 그 정보를 알아내고자 뇌를 혹사시키지 마라. 그런 정보를 접할 기회는 무궁무진하다.(또한 불법정보 때문에 감옥에 가지 않을까 하는 걱정도 하지 마라.) 그냥 ‘묻지 마’ 투자를 한 후 여러분이 수영장에서 느긋이 즐기는 동안 기업을 분석하고 시장을 조사하며 헛수고를 한 멍청이를 한껏 비웃어 주면 그만이다.

주식을 보유하는 전략에 만족하지 마라. **빠르게 주식을 사고파는** 매매 방법이 부자의 지름길

월스트리트를 소재로 한 영화를 본 적이 있다면 여러분은 뉴욕의 핵심 중에 핵심인 월스트리트에 있는 증권사에서 매우 열심히 일하는 남성과 여성이 컴퓨터 단말기 앞에 앉아 양쪽 귀 모두에 수화기를 대고 '사자'와 '팔자' 주문을 내면서 소리치는 모습을 잘 알 것이다. 이렇듯 정신없이 이뤄지는 거래는 이 세상에서 돈을 어떻게 버는지를 잘 보여주는 좋은 사례이다. 증권사의 트레이딩 플로어에서 주식이 거래되는 모습은 그렇게 신중해 보이지 않는다.

정신없이 거래하는 모습과 달리, 여러분은 10년 전에 한 투자의 가치가 서서히 증가하는 동안 소파에 편안히 앉아서 소설 책을 읽거나 월스트리트의 부자 이야기를 다룬 영화를 본 적이 있는가? 나는 그런 영화가 없다고 생각하고 앞으로도 나오지 않으리라 생각한다. 분명히, 주식시장을 다룬 영화나 텔레비전 프로그램에서 볼 수 있듯이, 현실에서는 빈번한 거래를 통해 돈을 번다.

한 번 생각해 보자. 여러분이 알고 있는 사람 중에 특별히 외 부에서 도움을 받지 않으며, 그렇다고 타고난 재능이 있는 것 같지도 않는데 직장을 그만두고 집에서 하루에 몇 시간씩 온라 인으로 주식투자를 하고 있는 사람이 있는가? 확신하건대, 주 위에 수백 명은 있을 것이다.

주식을 구매한 후 일정기간 동안 팔지 않고 보유하는 전략은 여러분의 할아버지에게나 적합한 전략이지만, 실제로 할아버 지는 이 전략을 사용해 투자하고 있지 않다. 세상은 빠르게 변 하고 있으며 내일은 더욱 빨라지므로 여러분은 이 속도에 맞춰 살거나, 아니면 깨끗이 포기해야 한다. 따라서 여러분은 투자 할 때도 매매 속도를 높임으로써 돈을 벌어 화려한 인생을 살 거나, 아니면 지수펀드나 대규모 뮤추얼 펀드를 구입해 평균적 인 수익률에 만족하며 그럭저럭 살아가야 한다.

몇몇 멍청이는 대형 은행이나 증권사와 같은 기관투자가와 여러분과 같은 개인투자가의 방식에는 큰 차이가 있다고 말할지도 모른다. 그들은 기관투자가가 위험을 회피하는 수단이 있고 자본 규모도 막대하며 개인보다 훨씬 많은 정보를 보유하고 있다고 말하기도 한다.

그러나 말도 안 되는 소리이다. 컴퓨터와 인터넷의 출현으로 차이는 크게 줄어들었다. 여러분도 기관투자가와 다름없고 오히려 민첩성은 훨씬 낫다.(앞에서 말한 여러분에게 스팸메일을 보내는 무명 증권사에서 일하는 주식중개인을 활용해도 좋다!)

공격적으로 주식에 투자해 큰돈을 잃은 사람에 관한 무시무시한 이야기 때문에 겁먹을 필요는 없다. 여러분에게 일어나지 않을 일이다. 멍청하게 주식시장에서 돈을 잃는 사람과 달리 여러분은 타고난 행운이 있고 (사실상) 천재적인 능력이 있다. 게다가, 돈을 잃는 사람은 당신이 되지 않을 것이고, 여러분은 다른 사람보다 분명히 큰 수익을 거둘 것이다.

투기적 저가주 (Penny Stock)에 투자하라

이 방법을 한 번 살펴보자. 여러분은 전혀 알지 못하는 XYZ사의 주식을 매입했다고 하자. 이 주식은 인터넷에서 주당 0.5달러에 매매되고 있다. 그리고 주가가 0.25달러가 올랐다고 하자. 여러분은 이 주식을 거래해서 50%의 수익률을 달성해 돈을 벌었다!

반면에, 여러분이 너무도 유명한 제너럴 일렉트릭(GE)의 주식을 주당 25달러에 매입한 후 0.25달러가 올랐다면 단지 수익률은 1%에 지나지 않는다. 여러분은 GE 주식을 구입해 1%의 수익률을 달성하겠는가?

대답은 간단하다. 여러분은 그럴 수도 없고 그래서도 안 된다. 투기적 저가주에 투자하면 다양한 이점이 있다. 이런 주식은 조금만 올라도 높은 수익률을 가져다준다. 그런데 반대로 조금만 떨어져도 큰 손실을 볼까봐 걱정하는가? 즉, 여러분이 GE 주식을 주당 25달러에 매입한 후, 주가가 0.5달러 하락하면 2%의 손실을 본다. 하지만, XYZ사의 주식을 주당 0.5달러에 구입한 후, 주가가 0.5달러 하락하면 100%의 손실을 본다.

그러나 이런 일이 여러분에게 결코 발생하지 않는다. 여러분은 사람들이 미처 알아채지 못한, 미 발굴된 우량 투기적 저가주만 매입할 것이기 때문이다.

아울러, 여러분은 여기저기 떠도는 믿을 만한 소문에 따라 투기적 저가주를 매입한 후 주가가 하늘 높은 줄 모르고 치솟는 경험을 할 것이다.

따라서 투기적 저가주를 매입하라. 투기적 저가주에 과감히 투자하면 일은 척척 풀려나갈 것이고, 대박을 터뜨려 고급 리무진을 타고 돌아다니는 동안 이 주식이 폭락할지도 모른다는 가능성을 철저히 무시하라.

증권사
신용거래를 통해
돈을 벌어라

여러분은 주식을 신용거래 한다는 말을 들어봤을 것이다. 신용카드에서 사용하는 '신용'이란 의미와 별반 다르지 않다. '신용거래'는 여러분을 부자로 만들기 위해 증권시장이 만들어낸, 뛰어난 제도이다.

기본적으로 여러분이 '신용거래'를 한다고 할 때 여러분은 증권사에서 돈을 빌려 보유현금만으로 매입하기 힘든 분량의 주식을 구입하게 된다. 예를 들어, 여러분은 주당 28달러에 XYZ사의 주식 1,000주를 구입하고 싶은데 가진 돈은 2만 달러밖에 없다. 일반적으로 증권사는 여러분에게 모자란 금액인

8천 달러를 빌려준다. 이제, 여러분은 차입금에 이자를 지불해야 하고 이 이자율은 꽤 높은 수준이다. 주식을 추가로 매입하기 위해 높은 이자를 부담하며 돈을 빌렸지만, 여러분과 증권사는 주가가 상승하리라는 사실을 알고 있다. 여러분은 이 사실을 의심하지 않는다. 신용거래를 했을 때 처음에는 이자가 매우 부담스럽다고 생각하지만, 여러분이 거둘 엄청난 수익을 고려하면 이자는 하찮은 수준에 불과하다.

좀 더 명확히 설명해 보자. 여러분이 증권회사에 개설한 계좌에 자금을 맡기면 2003년 말 기준으로 증권사는 여러분에게 0.8%의 이자를 지급한다. 반면에 여러분이 신용거래를 하면서 증권사에서 돈을 빌리면 7%의 이자를 지급해야 한다. 거의 9배나 높은 이자율이다. 일부 사람에게만, 불합리하게 이자율 차이가 많이 나는 듯 보인다. 하지만 여러분처럼 현명한 투자자는 겉모습만 보고 신용거래를 판단하지 않는다.

여러분이 7%의 이자를 지급하며 빌린 돈으로 구입한 주식은 순식간에 가치가 두 배로 상승한다. 주가 상승률이 100%가 되면 여러분은 이자를 지급해도 93%라는 기분 좋은 수익률을 달성한다. 게다가 매입한 주식이 몇 주 만에 두 배로 뛰면 분명히 그렇겠지만, 여러분은 7%의 이자를 모두 지급하지 않고도 돈을 상환할 수 있다. 연 이율로 계산되므로 돈을 사용한 기간에 맞춰 이자를 지급하면 된다. 따라서 신용거래를 통해 큰 수익을 남긴다는 결론이다. 신용거래는 증권시장이 여러분에게 선사하는 큰 선물인 셈이다. 거의 자선활동이나 다름없다.

여기에 그치지 말고 더 큰 수익을 향해 달려가 보자. 여러분이 몇 달 안에 200~300%나 상승하기도 하는 기술주나 생명공학 주식을 매입한다면 얼마나 많은 돈을 벌게 될지 상상해 보라! 보유한 현금 중 최고 금액과 더불어 증권사에서 신용거래로 돈을 빌려 (또는 다른 곳에서 자금을 조달해) 이 같은 주식을 매입한다면 여러분의 재산은 상상하기 힘들 정도로 늘어날 것이다. 내가 이 글을 쓰고 있는 시점에 시행되고 있는 규제 아래서 여러분은 신용거래를 통해 공매수하려는 주식 금액 중 최대 50%까지 돈을 빌릴 수 있다.

다시 말해, 여러분은 보유 현금만으로 주식을 구입해야 할 상황보다 2배나 많은 주식을 구입할 수 있다는 의미이다. '얼마나 대단한 일인가!'

언제나 그렇듯이, 여기에도 불평을 늘어놓고 부정적인 견해를 표명하는 사람이 있다. 이런 사람들은 어디에나 있다. 그들은 여러분이 구입한 주식은 신용거래를 하면서 증권사에 제공한 담보이며, 주가가 10% 이상 떨어지면 여러분은 기분 나쁜 '마진콜(margin call)'을 받게 된다고 경고한다. 마진콜이란 신용거래로 매입한 주식의 가치가 떨어지면 증권사가 하락분을 보전하기 위해 현금을 입금하라는 요구이다. 마진콜을 받고 즉시 현금을 입금하지 않으면 증권사는 임의적으로 여러분이 보유한 주식을 처분해 가치의 하락분을 채우고 주식을 급히 파느라 발생한 손실도 여러분이 부담해야 한다.

또 어떤 사람들은 2000년에서 2002년 사이에 발생한 주식시장 폭락으로 신용거래를 한 투자자가 마진콜을 받고도 현금을 채우지 못했으며, 주가가 추가로 폭락해 주식이 종이조각과 다름없이 변하자 증권사에서 요구한 입금액이 더욱 커짐으로써 그것에 맞추기 위해 집까지 팔아야 했던 사례를 상기시킬지도 모른다.

하지만, 이런 일은 여러분에게 일어나지 않는다, 결코! 여러분은 주가가 떨어질 주식을 매입하지 않는다. 여러분은 오로지 하늘 높은 줄 모르고 주가가 오를 주식만 매입한다. 여러분은 행운의 화신이기 때문에 마진콜을 받을까 봐 걱정할 필요가 없고, 여러분이 보유한 주식의 가격은 태양을 향해 솟구쳐 올라갈 것이다.

따라서 신용거래를 적극 활용해 큰돈을 벌어라. 내 말을 따라했다면 여러분은 나중에 고급 휴양지에서 여가를 즐기는 도중에 내게 안부 편지나 한 통 보내주기 바란다.

멋진 양복을 입은 **마법사가 여러분에게** 귀띔해준 '비법'을 믿어라

'영리하다면 왜 부자가 되지 못했는가?' 라는 유명한 구절이 있다. 이 말은 영리한 사람이라면 부자가 되어야 하고, 여러분은 영리하므로 부자가 되는 방법을 알고 있다는 의미이다. 좁은 의미에서 투자는 기술이지만, 넓은 의미로 생각하면 투자는 과학이다. 인간을 달에 착륙시킨 것처럼 정교한 과학적 방법이 돈을 버는 데도 필요하다. 천문학자, 실험 과학자, 양자물리학을 연구하는 수학자들은 우리를 부자로 만들어 줄 수 있는 사람들이다.

이런 과학 천재들이 복잡한 수학적, 또는 과학적 지식을 사용해 어디로 튈지 모르는 금융시장을 길들일 비법을 알고 있어서 우리를 부자로 만들어 줄 수 있다면 우리가 이 불가사의한 비법을 마다할 이유가 무엇이겠는가? 간단히 대답할 수 있을까? 그렇다. 우리는 그런 비법을 마다해서는 안 된다! 우리는 이 비법을 두 손으로 꽉 움켜잡아야 한다.

　여러분은 코네티컷에 본거지를 둔 롱텀 캐피털 매니지먼트(Long-Term Capital Management)란 금융회사가 천재들을 동원해 고안한 '비법'을 사용하다가 수십억 달러의 손실을 봤다는 사실을 염려하지 않아도 된다. 이 회사의 '블랙박스' 방법을 믿고 투자했다가 알거지가 된 투자자와 이 비법에 오류가 많다는 사실을 염려하지 않아도 된다. 여러분의 비법은 제 기능을 발휘할 것이다. 왜? 바로 여러분이 사용하기 때문이다.

모든 계란을 한 바구니에 넣자. **겁쟁이만이** 분산투자를 한다

단도직입적으로 말해보자. 인터넷에서 우연히 알게 된 주식중개인에게 도움을 받고 신용거래, 그리고 여러분의 타고난 직감을 통해 여러분이 매입한 주식은 가치가 하락하지 않는다. 오직 상승하기만 한다. 이런 상황에서 굳이 분산투자를 한다는 명분으로 쓸데없이 여러 주식을 매입해 수익률을 하락시킬 이유가 어디 있겠는가? 쓸데없이 거래명세표에 항목만 추가해 복잡하게 만들 이유가 무엇인가?

분산투자는 염두에도 두지 마라. '승리자 외 접근금지' 라는 쪽지를 붙여 여러분의 계란 모두를 한 바구니에 넣어라. 계란을 한 바구니에 넣어서 보관하는 방법은 가장 쉬우며 번거롭지 않다. 다른 식으로 말하면 여러분은 가진 돈 모두를 여러분이 일하고 있는 회사의 주식에 투자하라. 때때로, 여러분은 이 회사의 주식을 시장가격보다 훨씬 저렴한 가격에 구입할 기회를 부여받기도 한다. 그리고 여러분은 이 회사가 좋은 기업이라는 사실을 잘 알고 있다. 그렇지 않다면 여러분이 이 회사에서 일하려 하겠는가! 따라서 주저하지 말고 계란을 한 바구니에 넣고 부화하기를 기다려 황금알을 낳는 거위로 변하는 과정을 지켜보라!

분산투자? 우리는 분산투자를 지독히도 혐오한다!

투자 수수료와 비용을 무시하라. 그것은 단지 푼돈에 불과하다

뮤추얼 펀드가 3%에서 6%에 이르는 비용을 수수료로 부과한다면 어떠한가? 누가 그따위에 신경을 쓰겠는가? 1달러를 투자했을 때 비용은 몇 센트에 불과할 뿐이다. 그래도 동일한 뮤추얼 펀드가 수수료나 비용을 '전혀' 부과하지 않는다면 어떠한가? 그래봤자 푼돈을 절약할 뿐이다. 푼돈은 아무리 모아야 부담이 되지 않는다.

그러면 주식중개인이 여러분에게 주식 가격의 2%를 수수료로 부과하고 최소 부과액이 200달러라고 한다면 어떠한가? 그래봤자 1달러마다 2%만 빠져나갈 뿐이다. 주가가 두 배로 뛰었을 때 여러분은 얼마 되지 않는 수수료를 기억조차 못할 것이다.

여러분이 투자에서 거둔 수억 달러의 수익을 생각할 때 그동안 지불한 비용은 새 발의 피에 불과하다. 따라서 중개인이나 뮤추얼 펀드가 부과하는 비용을 아무 불만 없이 지불하라. 여러분, 그들도 먹고살아야 하지 않는가? 그리고 여러분도 그들이 잘 먹고 잘 살기 바라지 않는가? 그들이 잘 살지 못한다면 여러분에게 큰돈을 벌어주기 위해 열심히 일할 마음이 나겠는가? (혹시 뮤추얼 펀드 매니저가 '매매시점' 또는 '늦은 거래' 처럼 여러분이 이해하기 어렵고 사소한 문제를 언급하며 불이익을 줄까 봐 걱정하지 마라. 그들은 윤리적이지 못하고 부정직하게 보일 수 있지만, 그것은 여러분이 순진하고 악의가 없기 때문이다. 아무런 문제도 일어나지 않으므로 쓸데없는 걱정을 하지 마라.)

걱정이 태산처럼 많은 사람이나 샌님, 소심한 투자자는 수수료와 비용을 지불하는 하찮은 비용을 걱정한다. 하지만, 여러분처럼 수백만 달러짜리 저택에 거주하고 요트 여행을 즐기는 훌륭한 사람은 여기저기에서 새어나가는 몇 푼 안 되는 비용 때문에 걱정하지 않는다.

여러분! 비용이나 수수료로 지급되는 푼돈이 아깝고 걱정이 된다면 아예 투자를 하지 마라!

투자정보지를
꼼꼼히 읽고 여기서
전하는 정보에 투자하라

주식시장에 관한 정보를 모아 정보지로 출판하는 일은 결코 수월한 일이 아니다. 많은 지식과 학력, 경험과 거리에 돌아다니는 소문을 수집하는 능력이 없으면 정보지를 출판할 수 없다. 아무나 이런 일을 할 수 없다. 정보지의 출판자는 오랫동안 주식시장에서 경험을 쌓고 자신뿐만 아니라 독자에게 엄청난 돈을 벌 기회를 제공할 수 있는 사람이다. 아울러 공정거래위원회나 증권거래위원회(또는 투자정보지와 관련 있는 규제당국)에서 자격을 인정받아야 투자정보지를 발행하고 판매할 수 있다.

여러분은 이렇게 엄격한 테스트를 통과한 사람과 그들이 제공하는 정보를 신뢰해야 한다.

잠깐만, 이와 다른 얘기를 들었는가? 여러분은 공정거래위원회나 증권거래위원회가 투자정보지를 발행하는 사람을 전혀 규제하지 않는다고 들었는가? 아무나 자기가 쓰고 싶은 대로 정보를 작성하고 배포할 수 있다고 생각하는가? 물론, 그럴지도 모른다. 그래서 무엇이 문제인가? 하여간 그들은 나름대로 시장을 분석하고 정보를 수입해 투자정보지를 만들지 않았는가? 그 정도면 충분하다고 생각하지 않는가?

투자 비즈니스는 매우 도덕적인 사람들이 일하고 있는 산업이다. 다른 사람에게 투자조언을 하면서 큰 책임감을 느끼는 사람들이 가볍게 행동하지는 않을 것이다.

투자전문가들은 올바른 정보와 조언을 제공하고, 신용을 얻으려고 진심으로 노력하며, 여러 시장에서 큰돈을 벌었던 경험이 있는 사람들이다.

그리고 투자정보지가 제공하는 '데이터'가 일반적으로 옳지 않다면 여러분은 정반대로 해석해 큰돈을 벌 수 있지 않을까?

물론, 투자정보지에 대한 비판이 여러분에게는 해당되지 않을지도 모른다. '여러분은 투자정보지가 제공하는 내용이 항상 옳다고 생각하기 때문이다.' 그러면 어떻게 정보가 옳다는 사실을 알았는가? 꼬치꼬치 캐묻지 말자. 여러분은 그냥 안다. 따라서 투자정보지가 제공하는 정보를 전적으로 믿어라. 그리고 추천한 종목이나 정보에 따라 대규모 투자를 감행하자. 머지않아 록펠러 같은 갑부가 될 것이다!

투자조언자나 중개인을
사무적으로 대하지 말고
친구처럼 생각하라

《배런스(Barron's)》나 《월스트리트 저널(Wall Street Journal)》또는 다양한 금융 출판물은 분기별, 연간, 또는 5년간 주식시장의 성과가 어떠했는지를 분석한 기사를 싣는다. S&P 500이나 다우존스 30 인더스트리얼(Dow Jones 30 Industrials)과 같은 시장지수를 추적한다.

제발 이런 시장전체를 측정하는 성과지표를 통해 여러분의 투자조언자가 추천한 종목의 성과를 비교하고 평가해서 그들의 삶을 어렵게 만들지 마라. 여러분은 그들과 친구처럼 지내 여러분의 전화를 의도적으로 피하지 않도록 할 필요가 있다.

그들이 여러분을 친구라고 생각하고 스스럼없이 전화를 걸어 여러분을 안심시키며 때때로 저녁식사를 대접하면 여러분은 그를 친구라고 간주한다. 그들이 추천한 투자가 기대에 미치지 못했다고 나무라지 마라. 그들은 마음씨 좋은 가족과 다름없다. 그것이면 충분하다.

현재 재정이 크게 문제가 된다면 그냥 잠시 잊고 몇 년 뒤에 다시 생각하라

옛말에 '목표를 위해 일하는 시간이 많을수록 더 많은 것을 얻을 수 있기 때문에, 지금 당장 목표를 향해 움직여야 한다.'는 말이 있다. 그리고 '아침에 일찍 출발하면 여행을 일찍 끝낼 수 있다.'라는 말도 있다.

하지만, 이 얼마나 허튼 소리인가! 이러한 격언을 만들어 낸 바보들은 늦잠이 얼마나 즐거운지 깨닫지 못하고 있지 않는가? 아울러 그들은 며칠 동안 쉬면서, 마티니를 마시고 노을을 구경하는 즐거움을 모르고 있지 않는가?

여러분이 자신의 재정을 책임지려면 정신적으로 많은 노력을 해야 한다. 지금 당장 그러한 노력들이 부담이 된다면 어려울 때 힘들게 생각하지 말고 좀 더 수월해질 때까지 좀 기다려라. 시간을 갖고 천천히 생각하며 정말로 준비가 되었다고 판단될 때 재정적인 미래를 계획하기 시작하라. 계획을 세우기까지 흘러간 시간은 걱정하지 마라.

나는 흘러간 시간이 낭비가 아닌, 유익한 시간이었다고 확신한다. 영화배우처럼 시간에 구애받지 않고 늦잠을 잘 수 있는 여유가 있으면 얼마나 좋겠는가!

자본은 충분하지 않지만 생소한 분야, 적절치 못한 장소에서 사업을 시작하고 **성공을 기대해 보자**

이번 장은 '식당을 개업하라.'는 제목을 붙여도 된다. 식당을 개업하는 일은 확실히 지구상에서 많은 돈을 날리고 배우자와 평화스런 마음을 잃는 가장 좋은 방법이다. 그러나 실패를 생각하며 마음 고생할 필요는 없다. 아니, 내가 한 말은 다 잊어라. 나는 그저 농담을 했을 뿐이다.

하지만, 수많은 사람이 폐업을 했던 그 자리에 레스토랑을 열어보는 것을 신중히 고려해 보면 어떨까? 한 번 해보자. 괜찮을 듯하다. 경험이 많던 사람도 성공하지 못했던 장소에서 식당을 열어 여러분은 타고난 경영수단을 발휘해 성공할지도 모른다.

게다가, 레스토랑 운영은 어렵지 않게 꾸려갈 수 있는 비즈니스이다. 〈카사블랑카〉라는 영화를 보았는가? 항상 연회복이나 정장을 입은 험프리 보가트(Humphrey Bogart)는 결코 서두르지 않으며 다른 손님과 말썽도 일으키지 않고 제때 손님접대를 못하는 웨이터와도, 오디션을 위해 일찍 식당을 떠나는 웨이트리스와도 문제를 일으키지 않는다. 레스토랑의 주인들은 걱정 없이 빈둥거리지만, 식당에서 돈을 잘 번다.

따라서 여러분은 식당을 열거나 실패율이 90%가 넘는 비즈니스를 시작했지만, 이런 분야에서도 사업하기가 그리 어렵지 않고 쉽게 돈을 벌 수 있다는 사실에 감탄을 금치 못할 것이다. 몇 달 안에 투자금을 모두 날려 빚만 잔뜩 지게 되면 어쩌나 하는 걱정을 할 필요는 없다. 절대로 그럴 필요가 없다. 여러분은 이 곳에서 사업을 시작했던 사람들이 범한 실수를 하지 않기 때문에 실패는 여러분과 아무 관계가 없다.

여러분은 성공한다.

거품이 될 때 주식 매입을 두려워하지 마라. 여러분은 터지기 직전에 **주식을 매도할 수 있다**

과거와 비교해 주가가 높은지, 아니면 낮은지를 판단하는 구식 평가기준은 매우 많다. 이러한 기준이 이익과 배당을 주가와 비교해 주가의 적정선을 계산하는 방법이다. 그래서 주가가 하늘 높은 줄 모르고 상승하면 평가기준 또한 높아지고, 심술궂은 구두쇠는 이 때를 '거품'이라 부르며 주식을 사지 말라고 한다.

얼마나 웃기는 일인가! 주가가 하늘로 치솟을 때, 바로 그 때가 주식시장에서 가장 즐거운 시간이다. 주가의 변동이 거의 없거나 일년 동안 겨우 몇 %밖에 움직이지 않을 때, 투자하는 것이 즐겁겠는가? 무료하기 그지없는 일이다. 주가가 상당히 상승했을 때와 주가의 움직임이 과거의 추세에서 이탈하고 상식 밖으로 움직일 때, 여러분은 신문의 증권면을 펼치고 투자한 주식이 지난주보다 두 배나 뛰었음을 확인하며 즐거움을 느끼게 된다. 그 순간 여러분은 굉장한 부자가 되었고 자신이 매우 영리하다고 느낀다.

주식시장이 활황세에 있을 때 주의하라는 구태의연한 말에 주의를 기울이는 이유가 도대체 무엇 때문인가? 왜 그런 말에 귀가 솔깃해질까? 거품이 붕괴된다면 여러분은 미리 그 조짐을 알아차리고 시장에서 투자금을 회수할 충분한 시간적 여유가 있다.

그럼, 여러분은 어떻게 거품 붕괴의 '조짐'을 알 수 있을까? 워렌 버펫 (Warren Buffett)은 주식시장에 거품이 있을 상황을 파티에 참가한 사람들은 모두 자정이 되면 집으로 돌아가겠다고 말하지만, 방에는 시계가 없어 누구도 시간이 어떻게 되었는지 알 수 없는 상황으로 비유하지 않았는가? 맞는 말이다. 하지만, 그래 어쩌란 말인가? 여러분은 그 시계를 기준으로 삼거나 시대에 뒤쳐진 법칙에 따라 투자하지 않는다. 여러분은 문득 느끼는 직관에 따라 투자한다. 바로 직관과 느낌이 여러분에게 정확한 때를 알려줄 것이다. 그때 이익을 챙겨 근사한 휴양지로 떠나 축배를 들면 된다.

따라서 주가가 정점에 있을 때 매입하라. 여러분은 한 순간이라도 후회하지 않을 것이다. 여러분에게 주식시장의 거품은 재미일 뿐이다. 왜 그러냐고? 오직 여러분만이 거품이 생기고 없어지는 때를 알수 있기 때문이다.

재정관리가 어렵게 느껴진다면 전문가에게 모든 자산관리를 위탁하라

여러분, 얼마나 벌었는지, 그리고 얼마나 저축했는지 일일이 관리할 필요가 있겠는가? 개인연금이나 퇴직연금처럼 지루한 일을 다루면서 걱정할 이유가 무엇인가? 국세청이나 자치단체에 세금을 신고하느라 복잡한 서류를 작성하는 수고를 할 이유가 무엇인가? 그러지 말고, 여러분이 해야 할 잡다한 일을 대신 처리해 줄 사람을 몇 명 고용하는 것은 어떻겠는가? 나는 돈 관리에 능숙하고 믿을 만한 사람을 찾으라고 충고하고 싶다. 그 사람에게 위임장을 써주고 은행계좌관리를 비롯해 돈과 관련된 모든 일을 맡겨라. 이 세상에서 여러분이

돈을 믿고 맡길 사람은 몇 명밖에 되지 않겠지만, 그럴만한 사람을 틀림없이 찾을 수 있을 것이다. 찾는 방법을 알고 싶은가? 비용을 가장 많이 청구하는 사람을 선택하라. 관리해야 할 금액 중 수수료로 5% 이하를 요구하는 사람은 다시 생각해 봐야 한다. 질 좋은 서비스를 받으려면 요구한 금액에서 몇 %를 더 지불해도 좋다.

그러고 나서, 여러분은 모든 계산서를 관리자에게 보내 알아서 처리하도록 맡긴다. 또한 관리자가 알아서 투자를 하도록 계좌에서 자금을 인출할 권한을 부여한다. 다만, 금액이 클 경우에만 협의하도록 조치를 취한다. 돈을 관리하는 일을 맡겼다고 빈둥거리지는 말아야 한다. 여러분처럼 중요한 사람은 재미없는 돈 문제를 걱정하기보다는 더 나은 일을 하면서 바쁘게 보내야 한다.

여러분은 아마도 부당이득을 취하는 재정 관리자에 관한 무시무시한 얘기를 들었을지도 모른다. 이는 사람들이 너무 게을러 자금사용 보고서에 관심을 기울이지 않기 때문이다. 또한 여러분은 카드회사나 백화점에서 계산서를 잘못 발행했는데 이 계산서를 받은 관리자의 무식한 조수가 잘못된 금액을 지불한 후 돈을 돌려받지 못한 어처구니없는 사례도 들어 봤을 것이다. 재정 관리자가 투자를 하면서 치명적인 실수를 한 뒤에 손실을 만회하기 위해서 다른 고객들을 속이는 이야기도 들었을 것이다.

이런 이야기에 전혀 신경을 쓰지 마라. 절대로 여러분에게 일어나지 않을 일이다. 좋은 사무실에서 여러분의 돈을 매끄럽게 잘 관리하고 있는 사람을 믿지 않는다면 누구를 믿을 수 있겠는가? 게다가 소홀히 다루어지는 돈은 사악한 마음을 가진 관리자가 부정을 저지를 대상조차 되지 않는다. 그렇지 않은가? 확실히 그렇다. 그러니까 지금 당장 자산관리를 위탁하고 여러분은 재정 관리자가 돈을 관리하는 동안에 인생을 즐겨라. 여러분과 이해관계가 완전히 다르고 흉악한 음모를 지닌 관리자에게 모든 돈을 맡겨 낭패를 볼 일은 결코 발생하지 않을 것이다.

여러분이 그를 믿는다면……

여러분은 이미 지금까지 말한 55가지 규칙을 알고 있지 않은가? 그러면 여러분은 진정한 인생의 승리자이다. 처음부터 끝까지 빠지지 말고 꼭 실천하기 바란다!

　여기까지 읽었다면 여러분은 그동안 자신의 행동에서 무엇이 잘못되었는지 눈치 챘을 것이다. 여러분이 앞서 언급한 재정적으로 곤궁에 처하지 않기 위해 하지 말아야 할 행동 중 상당수를 이미 저지르고 있다면 상황은 심각하다. 계획을 세워 주기적으로 저축을 하지 않는 것도 그 중 하나가 될 수 있다. 아마 지금 여러분은 여러 번 이혼을 해서 세 가정의 생계를 책임지고 있을지도 모른다. 우연히 들은 정보나 소문에 따라 주식시장에다가 엄청난 투자를 하고 있을 수도 있다. 가장 흔한 사례로, 여러분은 미래를 위한 재정 계획을 전혀 수립하고 있지 않거나 현재 재정상태를 생각하지 않으려고 의도적으로 회피하고 있을지도 모른다.

　그럼, 내가 여러분에게 확실히 말할 수 있는 것은 과거의 행동방식을 유지한다면 상황은 분명히 악화될 수밖에 없다는 사실이다. 나는 앞서 언급했던 "바꾸지 않으면 변화가 없다"라는 속담을 다시 한번 강조한다. 여러분이 이 책에서 말한 55가지 행동 중 몇 가지만 계속 하더라도 재정상태는 앞으로 어려워지거나 기껏해야 발전 없이 현재 상태에 머무는 데 그친다.

하지만, 여러분이 아래 사항 중 몇 가지만 실천하기 시작한다면 인생에서 놀라운 변화를 경험할 수도 있다.

- 규칙적으로 최대한 많은 금액을 저축하라.
- 보수적으로 투자하라. 예를 들어, 주식시장 전체를 반영하는 지수펀드, 단기 뮤추얼 펀드, 변액연금(Variable Annuity), 공채와 우량 회사채에 투자하라.
- 주택을 구입하라. 주택 보유는 몇 번 그 중요성을 강조해도 지나치지 않는다.
- 매우 성실하고 정직한 사람이 아니라면 다른 사람과 사업을 하지 마라. 성실성과 정직성을 검증할 수 없다면 그들이 여러분의 재산에 접근하지 못하도록 주의하라.
- 지출을 핑계로 저축을 등한시해서는 안 된다.
- 여러분이 생각하는 것보다 인생의 속도가 매우 빠르다는 사실을 상기하며 더 이상 일할 힘이 없거나 젊었을 때처럼 열심히 일하기 힘들 날을 대비하는데 가장 좋은 방법은 바로 저축이다.
- 사치는 어리석은 사람들의 몫이다.
- 부모님이 돌아가시면 노력하지 않고 재정적인 도움을 받

을 곳이 없다. 여러분을 책임질 사람은 바로 자신이며 가족을 부양해야 하는 도덕적 의무도 져야 하므로 돈 관리에 주의를 기울여야 한다.

이 여덟 가지 조언을 두 가지로 요약할 수 있다. 첫째 조언은 내 아버지가 말해 준 애정 어린 충고로서 그는 내가 이 말을 제대로 이해하고 실천하기를 바랐다. 다름 아닌 "검소하게 살아라"이다. 나는 '항상'이라고 말하지는 못하지만, 대체로 검소한 삶을 사는 편이다.

두 번째 조언은 더욱 간단하며, 40여 년 동안 대통령에게 재정문제를 자문했던 버나드 바루크(Benard Baruch)가 한 말이다. 1차 세계대전 이후 그가 전후 경제 재건을 위해 자문을 요청받았을 때, 바루크는 "열심히 일하고 저축하라."라고 대답했다.

한창 경제가 어려워 많은 사람들이 허리띠를 졸라매고 있다. 우리가 현재 겪고 있는 경제적 어려움에는 여러 가지 원인이 있겠지만, 바로 얼마 전까지 우리의 생활 모습을 되돌아보면 벤 스타인이 지적하는, 하지 말아야 할 행동도 일조를 했음을 알 수 있다. 저자가 지적하듯이 서점에 나가보면 부자가 되는 방법에 관한 서적이 봇물처럼 출간되고 있다. 하지만, 현재 시점에서 부자가 되는 방법보다 파산하고 현재 상황을 더욱 악화시키지 않도록 새로운 시각에서 지침을 제공하는 것이 훨씬 유용하지 않을까 생각한다.

이 책은 부자가 되는 방법을 말하고 있지 않다. 단지 재정적으로 파탄에 이르지 않기 위해서 여러분이 유념해야 하고 경제적인 어려움을 겪는 사람들에게 흔히 발견되는 행동 패턴을 소개하고 있다. 하지만, 적을 알고 나를 알면 백전백승한다는 말이 있지 않은가? 잘못된 점을 인식하고, 하지 말아야 할 행동을 깨닫는다면 상황의 악화를 예방하고 이를 통해 재정적인 안정과 발전을 도모할 수 있다고 확신한다. 이런 점에서 벤 스타인은 새로운 시각으로 좋은 지적을 독자에게 제공하는 셈이다.

그동안 개인적인 차원에서 돈을 모으고 관리하며 재산을 불려가는 방법을 설명하는 책은 일반인들이 좀처럼 본받기 힘든 갑부나, 거대 기업의 최고 경영자를 모델로 하거나, 아니면 몇 년 안에 몇 십억을 벌 수 있다는 내용으로 구성되어 우리에게 큰 희망을 주기는 하지만, 현실성 있는 해결책을 제시하지는 못한 듯하다.

하지만, 이 책은 우리가 생활에서 흔히 저지르는 오류를 풍자적이고 반어법적인 방식으로 지적하며 새로운 가르침을 주고 있다. 모범적인 행동을 본받기보다는 나쁜 행동을 하지 않는 것이 훨씬 수월한 방법이 아닐까?

번역을 하면서 이 책에서 말하는, 하지 말아야 할 행동 55가지 중에는 내 자신에게 해당하는 사항이 적지 않아 자신을 다시 한번 되돌아보게 되는 경우도 많았다. 이 책을 읽는 독자도 역자와 크게 다르지 않을 것이라 생각하며, 분량은 얼마 되지 않지만, 많은 시사점을 던져주는 이 책을 통해 생활의 발전이 있기를 기대한다.

말 잘하는 사람 말 못하는 사람

피터 어스 밴더 & 로버트 A. 트레즈 지음 | 김효명 옮김
신국판 | 256 쪽 | 8,500원

당신도 지금 자유롭게, 그리고 자신 있게 대화하는 법을 배울 수 있다.

사람들의 생김새나 성격은 다양하지만, 화술로 보면 크게 두 부류로 나눌 수 있다. 말 잘하는 사람과 말 못하는 사람이다. 자기의 생각이나 의견을 말로 잘 표현하는 사람을 만나면 왠지 호감이 가고 믿음이 생긴다. 반면에 그렇지 못한 사람을 만나면 부정적인 생각을 먼저 갖는다.

말 잘하는 기술, 곧 화술은 그 사람의 성공을 좌지우지할 만큼 중요하다. 화술은 누군가와 의사소통을 하는 것이다. 내가 표현하고 싶은 내용을 전달하고 상대방에게 동의를 얻어내는 행위이다. 그러므로 화술이 변변치 못한 사람은 초라하고 불행한 삶을 살 가능성이 높다. 하지만 누구나 말을 잘 하는 것은 아니다. 왜 그럴까?

일반적으로 사람들은 성인이 되면 의사소통 행위를 무의식적으로 한다. 자기 의지와는 무관하게 습관적으로 의사소통을 한다. 대부분의 사람들은 말하는데 무슨 특별한 기술이 필요할까 라고 생각한다. 그러나 잘 생각해 보라. 성공한 사람은 모두가 말 잘하는 사람들이다. 그들은 자기 의사를 정확히 남에게 전달하여 자기의 가치와 능력을 높일 줄 아는 사람이었다. 자기의 의견을 정확히 남에게 전달하는 기술, 곧 이것이 말 잘하는 기술이다.

이 책은 여러분의 대화체계를 개선시켜 여러분의 삶을 성공으로 이끄는데 초석이 될 수 있는 여러분의 좋은 동반자가 될 수 있으리라 믿어 의심치 않는다.

습관의 힘

The Power of Habit

잭 D. 핫지 지음 | 김세중 옮김
양장 | 160쪽 | 9,000원

이미 알고 있는 성공의 법칙을 일상생활에서 계속적으로 지속시키는 힘이 습관의 힘이다.

최근 들어 서점가에는 습관에 관한 책들이 선풍적인 인기를 끌고 있다. 일본인 사이쇼 히로시가 쓴 '아침형 인간'이 베스트셀러가 되더니, 이번에는 미국인 잭 D. 핫지가 쓴 '습관의 힘'이 우리 독서계를 강타하고 있다.

인간의 삶 속에서 습관만큼 중요한 것은 없다. 우리가 하고 있는 일상적인 행동의 90퍼센트는 습관을 바탕으로 하고 있다. 우리가 매일 행동하는 것은 거의 대부분이 습관이다. 아침에 일어나 양치질하고, 옷을 입고, 신문을 읽고, 식사를 하고, 출근하는 그 모든 과정이 습관적으로 이루어진다. 매일 수백 가지 습관이 반복된다. 하지만 습관은 단순한 일상 이상의 의미를 갖고 있다고 저자는 말한다. 건강과 관련된 모든 습관은 우리 삶에 영향을 준다. 또한 친구나 가족, 동료와의 관계도 습관을 바탕으로 이루어진다고 말한다. 사실 사람의 성격 자체도 습관과 밀접한 관계를 갖고 있다.

이처럼 모든 사람들은 좋은 습관과 나쁜 습관을 갖고 있다. 대부분의 성공한 사람들은 좋은 습관을 갖고 있고, 대부분의 실패한 사람은 나쁜 습관을 갖고 있다고 저자는 말한다. 그렇다면 우리는 어느 쪽 습관을 갖고 있을까?

그의 말이 옳다. 이 책의 저자 잭 핫지는 습관의 힘으로 나를 확신시켜주는 커다란 일을 했다. 그는 또한 습관을 바꾸는 멋진 행동의 단계를 준비해주었다. 난 모두가 이 책을 한 권씩 갖고 있어야 한다고 권장한다. 사고가 행동의 기본이듯이 반복된 행동이 습관 형성의 기본이라고 굳게 믿는다. 스미스(미국 독자)

화술은 요리와 같다!

말로 성공하기를 원하십니까

김승규 지음
신국판 | 256 쪽 | 9,000원

사람의 마음을 감동시키는 화술이 성공을 부른다!

인간이 동물과 다른 점은 서로 소통할 수 있는 말과 생각을 가졌다는 것이다. 인간은 자신의 뜻을 표현할 수 있는 말이라는 일차적인 수단 때문에 문명생활을 영위할 수 있었고, 그 수단이 현대 사회에서는 인간 관계를 결정짓는 중요한 요소로 작용하고 있다.
이 책은 상대방을 배려하는 말을 일상생활 속에 적절히 구사하고, 그 결과 풍요로운 대인 관계를 통해 개인과 사회의 발전을 바라는 저자의 소망이 담겨 있다.

우리 속담 중에는 '천냥 빚도 말만 잘하면 갚는다'는 것과 '침묵은 금'이라는 말이 있다. 똑 같이 우리가 쓰는 말에 대해 이야기를 하고 있으나 '침묵은 금'이라는 말에 더 호감이 가는 것이 사실이다. 전통적으로 우리는 말 잘하는 사람을, 실천은 하지 않고 말이 앞선다고 해서 먼저 상대를 경계하는 경향이 우세했다.
이런 말에 대한 가치관이 바뀐 것은 최근의 일이며 특히 우리 역사에 있어 미증유의 체험인 IMF를 겪으면서가 아닌가 싶다.
이제 바야흐로 현대 사회는 자신을 PR 하는 시대이며 세일즈 시대이다. 이런 시대적 흐름과 함께 누구에게든 자신이 속한 조직과, 자신의 장점을 홍보하는 가장 큰 무기로 상대방을 설득하고 움직이게 만드는 방법을 알고 싶어할 것이다. 이런 사회적 흐름에 맞추어 말하는 방법에 대한 화술 관련 서들이 독자들에게 주목받고 있는 것이다.

사람의 마음을 감동시키는 화술이 성공을 부른다.

같은 재료로 요리를 만들더라도 제 맛을 내는 사람과 그렇지 못하는 사람이 있다. 이처럼 같은 말을 해도 말의 구성을 잘 살려 다른 사람을 설득하는 사람과 그렇지 못한 사람이 있다. 자신의 삶을 부유하게 만들 수 있는 성공적 화술이란 어떤 것일까? 재치 있는 첫마디가 당신의 첫인상을 좌우한다. 감칠맛 나는 말 한마디, 재치 있는 말솜씨는 성공을 부르는 전략이다.

우리가 '말 잘하는 법'을 배우는 것은 인간관계에서 보다 능률적이고 생산적인 상호관계를 이루자는 데 그 목적이 있다. 당신이 비즈니스에서 성공하고자 한다면, 그리고 진정 재치 있게 말을 잘하고 싶다면 상대의 생각을 존중하고 자신의 의견이 상대의 기분을 상하지 않도록 표현하라. 거칠고 부정적인 말은 비즈니스에서 당연히 실패할 수밖에 없다. 대화는 혼자 말하는 것이 아니라 '말하는 사람'과 '듣는 사람'이 있기 마련이다. 어떻게 상대방에게 당신의 의사를 잘 전달하느냐 하는 것이 대화의 가장 큰 목적이라 할 수 있다.

"지피지기(知彼知己)면 백전백승(百戰百勝)이다."

인간 관계에서 우선 중요한 것은 자신을 알고 인정하는 것이다. 자신을 소중히 여기는 마음이야말로 자신감의 근원이 되기 때문이다. 꾸미지 않고 있는 그대로의 자신에게 자신감을 심어 준다면 인생의 실패도 결코 두렵지 않을 것이다.

변화와 성공을 부르는 황금률

전문 컨설턴트 김동범 지음
변형판 | 288 쪽 | 9,000원

전 세계의 CEO, 정치인, 학자, 전문직업인 등
자신의 분야에서 성공한 사람들이 전하는 성공인생론

사람은 누구나 사회적으로 성공하기를 바라며, 그와 동시에 개인적인 행복을 추구한다. 사회적 성공은 개인이 하고 있는 일(직업)에서의 성공을 말하는 것이고, 개인적인 행복은 이러한 사회적 성공의 밑바탕 위에서 얻어지는 만족감의 정도를 의미한다고 할 수 있다. 이와 같이 우리 인생에서 최상의 목표인 행복을 추구하기 위해서 건너야할 강은 바로 성공이란 관문이지만, 이에 다다르는 과정에는 수많은 걸림돌을 만나기 마련이다.

성공한 사람들은 자신만의 '성공 황금률'을 갖고 있었다. 그들은 성공과 관련된 글을 마음에 새기며 이를 통해 처세술을 터득함으로써 어렵고 힘든 순간을 극복할 수 있는 지혜를 발휘했고 마음의 소양을 쌓는 시금석으로 삼았다.

이 책은 전 세계의 CEO, 정치인, 학자, 전문 세일즈맨, 컨설턴트 등 자신의 분야에서 성공한 사람들이 전하는 성공 인생론이다. 이 책에는 성공한 사람들이 가장 많이 애독하며 가슴속 깊이 간직한 아주 특별한 좌우명과 인생론이 가득 들어 있다.

성공은 성공을 원하는 사람들의 것이다. 성공한 사람들은 자기만의 특별한 인생철학을 갖고 하루하루 성공을 향해 힘찬 날개를 펼쳤다. 당신 또한 매일 아침에 한 번, 저녁에 한 번, 성공한 사람들의 황금률을 가슴에 새기며 힘차게 출발하라!

상대를 움직이고
행동하게 만드는 테크닉
Presentations

옌스 에렌보리 · 존 매톡 지음 | 김선희 옮김
변형판 | 200 쪽 | 9,000원

설명의
기술

나를 잘 표현하는 사람이 남을 움직이게 한다.
확실하게 상대를 끌어들이는 아이디어를 찾아라!

현대사회에서 자신의 주장과 의견을 잘 설명하는 기술은 점점 더 중요해지고 있다. 당신(발표자)이 프리젠테이션을 설명하는 동안 상대방(청중)이 그 시간이 지루하고 내용이 별로 유용하지 않다고 느낀다면, 그들은 하품을 하거나 곧 자리를 뜨고 말 것이다.

이 책에서는 고전적인 수사법에서부터 웹 기반 그래픽에 이르기까지 상대의 마음을 움직이고 행동하게 만드는 설명의 기술을 시각적인 자료와 함께 잘 보여주고 있다.『설명의 기술은』실제적인 프리젠테이션 상황에서 상대에게 자신의 주장과 의견을 잘 설명하는 핵심적인 방법을 보여주는 책이다.

이 책은 설득력 있는 프리젠테이션을 계획하고 제대로 설명하기 위한 종합적인 방법을 제시하고 있다. 저자는 무엇보다 자신이 어떤 문제를 설명하는 기술이 무미건조하다고 생각되거나, 자신의 메시지가 상대방에게 제대로 설명되는지 불안해하는 사람들을 대상으로 이 책을 썼다.

이 책은 당신이 갖고 있던 기존의 낡은 사고방식에 새로운 기운을 불어넣어 줄 것이다. 또한 상대방의 입장을 최우선으로 하여 명확하고 설득력 있는 방법으로 자신의 주장을 잘 표현할 수 있는 설명의 기술을 보여줄 것이다.

국제 전문 컨설턴트이자 의사 전달 커뮤니케이션의 전문가인 옌스 에렌보리와 존 매톡이 제시한 조언을 따른다면, 당신은 상대방에게 당신의 주장과 의견을 효과적으로 설명할 수 있는 능력을 갖추게 될 것이다.

부자는 결코
The Rich Are Not Necessarily
천재가 아니다

방 원 지음 | 최자경 옮김
신국판 | 320 쪽 | 12,000원

부자가 되기 위해서는 부자에게 배워라!
평범한 나를 부자로 만들자!

당신은 부를 쌓는 성공의 기본요인이 무엇이라고 생각하는가? 부자들은 어떻게 돈을 버는 것일까?

이 질문에 대한 가장 좋은 방법은 부자들에게 묻는 것이다.

부자가 되기 위해서는 부자에게 배워야 한다. 좋은 습관, 정확한 사고방식, 엄격한 시간관리, 끊임없는 창의성, 조화로운 인간관계 등 부자들의 성공 요건을 배워라.

대다수 백만장자들은 많은 시간과 무수한 기회를 통해 성공을 이루어냈다. 그들은 여러 방면에서 일을 잘 수행해 낸다. 당신이 부자가 되기 위한 가장 좋은 방법은 여러 가지 기술을 익히고 여러 품성을 갖추는 것이다. 열심히 일하고 사교활동에도 적극적으로 참여하라. 이러한 경험이 당신의 성공에 중요한 주춧돌이 될 것이다.

돈 많은 사람이 결코 아이큐가 높은 천재가 아니라고 이 책은 말한다. 또한, 당신에 대한 부정적인 평가를 과감히 벗어버리고, 당신의 일과 사업에 적극적으로 투자하라고도 충고한다.

이 책은 단순한 돈 많은 부자가 아닌 돈 위에 군림할 줄 아는 부자, 자신의 능력을 개발하고 시간을 관리할 줄 알며, 인간관계의 중요성을 알고 사회의 발전에도 관심을 가질 줄 아는 부자, 그래서 인생의 행복을 거머쥘 수 있는 진정한 부자가 될 수 있는 방법을 알려 주고 있다.

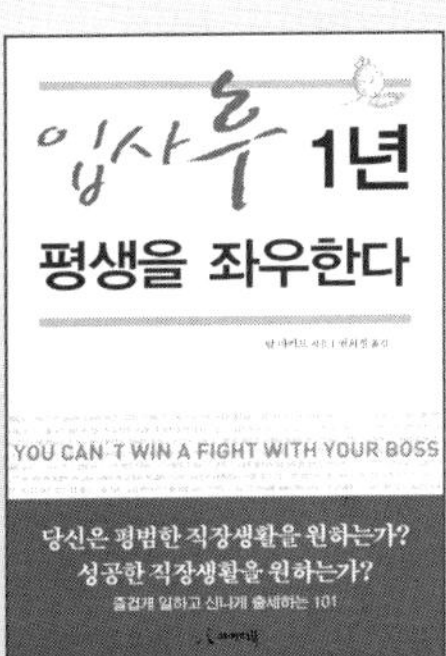

입사 1년, 당신은 지금 어디로 가고 있는가?

입사 후 1년 평생을 좌우한다

탐 마커트 지음 | 권희정 옮김
신국판변형(고급양장본) | 220 쪽 | 10,000원

직장에서의 성공 공식은 없지만 따라야 할 성공 원칙은 있다.

사회는 점점 축소지향적으로 전환되어 일자리는 점점 줄고 청년 실업이 4백만이 넘는 시대가 되었다. 기업은 더 많은 생산성을 높이기 위해 신규사원 채용보다 당장 현장에서 일할 수 있는 경력이나 실력 있는 사람들을 수시로 채용하고 있다. 따라서 현재는 청년실업자만큼이나 좋은 직장을 다니는 직장인들도 불안하기는 매한가지이다.

탐 마커트는 말단 사원에서 시작하여 20여 년간 경험을 쌓아 글로벌 회사인 '에이씨닐슨'의 최고경영자가 된 사람으로 이 책을 통하여 그는 직장에서 생존하고, 승진하고, 출세하는 길을 "101가지 성공의 원칙"으로 만들어 자기 경험과 함께 상세하게 설명하고 있다.

'회사 내에서 빠른 속도로 앞서 나간다는 것은 커다란 모험이 될 수 있고, 심지어는 사나운 항해가 될 수도 있다.'고 하면서 '성공을 보장하는 어떤 마술 같은 공식은 없지만 직장 내에서 성공하려면 따라야 할 명백한 원칙들이 있다.'고 밝히고 있다. 이런 원칙들을 모르고 있을 때 이런 원칙을 아는 누군가 다른 사람에 의해 당신은 쓰러질 수 있다고 그는 경고한다.

회사에서 생존하려면 그는 상사를 잘 파악하고, 상사를 존경하고, 상사를 위해 최선을 다하고, 상사와 절대로 싸워서는 안 된다고 충고한다. 그리고 적절한 복장을 갖추고, 항상 웃고, 멋진 자동차를 갖고, 언제나 깨끗이 세차하는 것도 잊지 말라고 말한다.

철저한 준비로
꿈의 창업을 시작하라

KICK START YOUR DREAM BUSSINESS

로마누스 월터 지음　|　이광찬 옮김
변형4×6배판　|　432 쪽　|　24,000원

창업의 두려움을 떨쳐 버려라!
길거리 장사부터 중소기업까지 창업성공 비결 가이드

MBA 학위나 5천만 원의 자본금이 없다고 비관할 필요는 없다. 전에 해본 적이 없어도 상관없다. 당신이 사업을 출범시켜 시장에 뛰어드는데 필요한 것은 끊임없는 열정과, 주변의 지원과, 소규모 사업에 대한 약간의 노하우만 있으면 된다. 운 좋게《철저한 준비로 꿈의 창업을 시작하라》라는 이 책이 당신의 손에 들려 있다면 당신은 이미 이 세 가지를 다 갖춘 행운을 잡은 것이다.

소규모 사업 개발에 대한 자신의 열정을 주변에 전염시킬 줄 아는 로마누스 월터는, 유용한 정보가 가득하고 용기를 불러일으키는 이 '창업 가이드'를 통해 사업과 개인생활에서 성공으로 가는 길로 당신을 차근차근 인도한다.

당신이 창업 출발선상에서 가장 먼저 해야 할 일은 여러분의 사업동기를 현명하게 평가하여 사업 아이디어와 양립할 수 있는지를 파악하는 것이다. 그 다음에는 브레인스토밍을 통해 회계, 시제품 제작, 유통, 물류, 특허 획득에 이르기까지 로마누스는 철저하고도 열정적으로 당신을 창업 및 나아가 지속적인 사업의 길로 안내한다. 공감이 가는 실제 기업인들의 이야기와 당장 실행에 옮겨도 지장이 없는 기법들로 가득 차 있는 이 책,《철저한 준비로 꿈의 창업을 시작하라》는 당신이 꿈꾸던 사업을 현실로 바꾸는데 필요한 용기와 지식을 주는 책이다.